KB193394

베들레헴 그날 밤

사랑이 태어나고, 희망이 다가오다

맥스 루케이도 지음 | 윤종석 옮김

바람이불어오는곳

좋은 친구인

랜디와 로잔 부부에게.

이 책을 헌정할 수 있어

나와 데날린은 영광이라네.

감사의 말

동방 박사와 목자와 천사는 요셉과 마리아만 찾아 간 게 아니라 내게도 찾아왔다. 아래와 같은 이들 덕분에 이 책이 완성되었다.

편집자 리즈 헤이니와 캐런 힐. 이들은 아주 근면하고 인내심이 많다.

교정자 캐럴 바틀리. 어떤 오류도 이들의 숙련된 눈길을 피해 갈 수 없다.

관리부의 스티브와 셔릴 그린. 이들보다 더 진실한 친구는 없다.

마크 숀월드, 데이비드 모버그, 리에릭 페스코, 리즈 존슨이 이끄는 토머스 넬슨 출판부. 지칠 줄 모르는 이들의 지원에 진심으로 감사한다.

자문과 홍보 담당 그레그와 수전 리건, 재너 먼스팅어. 이들은 작가라면 누구에게나 꼭 필요한 창의적 도움을 베풀어 준다.

기도의 용사 데이비드 트리트. 그는 예수님처럼 늘 곁에서 중보해 준다.

우리 오크힐스 교회. 나는 강단에 설 때마다 '이 사람들은 아직 나한테 질리지도 않은가?' 라는 생각이 든다. 그런데 그들은 어김없이 또 나온다.

행정 비서 제이니 퍼딜라와 마거릿 머치너스. 이들은 매시간 문제를 해결하고 지원을 베푸는 아주 귀한 사람들이다.

세 딸과 두 사위 브레트와 제나, 앤드리아, 제프와 새라. 이들이 자랑스러워 이 아빠는 가슴이 터질 것만 같다.

손녀 로즈는 내가 이 책을 낳을 때쯤 세상에 태어났다. "중요한 쪽은 너의 출생이다! 참 잘 왔다!"

끝으로, 참으로 사랑하는 아내 데날린. "당신 덕분에 나는 34년 동안 매일을 크리스마스로 누릴 수 있었다오. 당신을 사랑하오."

차례

감사의 말

1. 나는 크리스마스가 참 좋다 10

2. 하나님도 얼굴이 있다 20

3. 자아로부터 구원받아야 할 우리 30

4. 허전한 절기의 희망 42

5. 결코 너무 늦지 않다 56

6. 예배는 기적을 낳는다 66

7. 인도하시는 하나님 80

8. 겸손은 빛을 발한다 92

9. 오늘일지도 모른다 102

10. 왕관, 요람, 십자가 118

11. 삐딱한 성질이여, 안녕 132

12. 매일이 크리스마스요, 모든 마음이 구유다 144

주 152

나는 크리스마스가 참 좋다

나는 크리스마스가 참 좋다. 썰매의 방울소리를 울려라. 캐럴을 불러라. 산타클로스는 많을수록 즐겁다. 크리스마스트리도 많을수록 좋다.

나는 크리스마스가 참 좋다. 호호호 산타의 웃음소리와 뿌뿌 나팔소리. 쿵쿵 발소리와 라파팜팜 북소리. '고요한 밤 거룩한 밤'과 '호두까기 인형' 속 사탕 요정의 춤.

가게마다 붐벼도 나는 불평하지 않는다. 마트에 발디딜 틈이 없어도 투덜대지 않는다. 비행기가 만석이고 식당마다 만원인가? 그야 크리스마스가 아닌가.

나는 크리스마스가 참 좋다.

무대에 오르는『크리스마스 캐럴』의 스크루지 영감. 영화 〈크리스마스 대소동〉의 사촌 에디. 영화 〈크리스마스 스토리〉의 '공식 레드 라이더 200발 장전용 카빈 공기총' 장난감과 "그러다 네 눈을 쏘지!"라던 대사.

『크리스마스 전날 밤』의 반짝이는 장식과 덜걱이는 소리와 "무슨 일인지 보려고" 잠이 깨던 순간. 빙 크로스비의 감미로운 캐럴과 백화점 가득히 장식된 풍선. 겨우살이나무 아래의 입맞춤(이 나무 아래 서 있는 사람과는 키스해도 된다는 서양 풍습이 있다—옮긴이). 산타클로스에게 비는 소원과 즐겨 먹는 요리. 성탄절의 흰 눈과 따뜻한 겨울옷과 루돌프의 빨간 코.

나는 크리스마스가 참 좋다.

누군가 어디선가 크리스마스에 대해 의문을 품겠기 때문이다. '구유 안의 아기가 무엇이 그리 대단할까? 이 아기는 누구일까? 이 아기가 태어난 것이 나와 무슨 상관일까?' 이런 의문을 품는 사람은 앞마당의 말구유 장식을 내다보는 아이일 수도, 이역만리에 주둔 중인 군인일 수도, 크리스마스이브에 난생처음 아기를 품에 안은 젊은 엄마일 수도 있다. 크리스마스 시즌은 의문을 불러일으킨다.

나는 크리스마스가 참 좋다. 누군가 어디선가 크리스마스에 대한

의문을 품겠기 때문이다. '구유 안의 아기가 무엇이 그리 대단할까?'

나도 그런 의문이 처음 들던 때가 기억난다. 나는 텍사스주 서부의 소읍에서 정비사와 간호사의 아들로 자랐다. 가난하진 않았지만 결코 풍족하지도 않았다. 아빠는 유전에 송유관을 깔았고 엄마는 3시부터 11시까지 일하는 근무조로 병원에서 일했다. 나는 아침마다 형을 따라 초등학교에 다녔고 오후에는 동네에서 공놀이를 했다.

저녁식사는 아빠 담당이었다. 형은 설거지를 하고 나는 바닥 청소를 맡았다. 우리 형제는 8시에 목욕하고 9시에 잠자리에 들었는데, 불을 *끄*기 전에 해도 되는 일이 하나 있었다. 책 읽기였다.

침대 발치의 서랍장에 어린이 책들이 들어 있었다. 책마다 큼직한 데다 유광 처리된 화사한 그림이 있었다. 그 서랍장 속에 곰 세 마리가 살았다. 커다란 나쁜 여우와 일곱 난쟁이와 도시락 통을 든 원숭이도 살았는데, 그들의 이름은 이제 기억나지 않는다. 서랍장의 동화책들 밑 어딘가에 아기 예수에 대한 책도 있었다.

표지에는 누런 건초가 깔린 구유가 있고 마구간 위

로 별 하나가 반짝였다. 요셉과 당나귀가 똑같이 눈을 크게 뜨고 마리아 옆에 서 있었다. 마리아의 품에는 아기가 안겨 있었다. 마리아는 아기를 내려다보고 아기는 마리아를 올려다보았다. 그 둘을 함께 바라보던 기억이 새롭다.

과묵한 아빠가 형과 내게 말했다. "얘들아, 크리스마스의 주인공은 예수님이란다."

그렇게 잠자리에서 동화책을 읽고 도시락 통을 든 원숭이를 만나던 와중에, 나는 문득 아빠의 말을 생각해 보았다. 그러자 크리스마스에 대한 의문이 싹텄다. 어떤 식으로든 의문은 그 뒤로도 쭉 이어졌다.

지금까지 내가 얻은 답도 참 좋다.

이런 답은 어떤가? 하나님은 인간으로 살아간다는 게 어떤 건지 아신다. 내가 마감 날짜나 길게 늘어선 줄이나 힘든 시기에 대해 말씀드리면 그분은 이해하신다. 그분도 겪어 보셨다. **여기에** 살아 보셨다. 베들레헴으로 인해 하늘에 나의 친구가 있다.

베들레헴으로 인해 하늘에 나의 구주도 있다. 부활절에 경축하는 사건은 크리스마스에 시작된다. 요람 속의 아기가 십자가에 매달린 왕이 되었다. 그분이 십자가를 지셨기에 나의 전과 기록이 깨끗해졌다. 순전히 은혜다. 그분은 까다로운 조건을 달지 않으신다. 내게 "깨끗해진 다음에 들어오거라"라고 하지 않으신다. "일단 들어오면 내가 너를 깨끗하게 해 주겠다"고 하신다. 중요한 것은 그분을 붙드는 내 손이 아니라 나를 붙드는 그분의 손이다. 그분의 손은 든든하다.

> 부활절에 경축하는 사건은 크리스마스에 시작된다.
> 요람 속의 아기가 십자가에 매달린 왕이 되었다.

내 삶에 오신 그분의 임재도 마찬가지다. 산타클로스에게 받는 크리스마스 선물도 좋지만, 그리스도의 한결같은 임재는 삶을 송두리째 바꾸어 놓는다.

하나님은 늘 곁에서 우리를 위하신다. 늘 우리 안에 계신다. 우리는 그분을 잊을지 몰라도 그분은 결코 우리를 잊지 않으신다. 그분의 생각과 계획 속에 영원히 우리가 있다. 그분이 자신에게 붙이신 이름 '임마누엘'은 "하나님이 우리와 함께 계시다"라는 뜻이다(마 1:23).

그냥 "하나님이 우리를 지으셨다"가 아니다.

"하나님이 우리를 생각하신다" 정도도 아니다.

"하나님이 우리 위에 계신다"로 끝나지도 않는다.

하나님이 우리와 **함께** 계신다. 사무실이든 주방이든 비행기 안이든 우리가 있는 곳에 그분도 계신다. 그분은 우리와 같이 숨을 쉬시고 이 땅을 걸으셨다. 하나님이…… 우리와…… 함께 계신다!

이 메시지가 우리에게 그 어느 때보다도 절실히 필요하다. 우리는 불안한 시대를 살고 있다. 각종 테러는 말 그대로 공포를 자아낸다. 폭력이 우리 지구를 먹구름처럼 뒤덮는다. 야만적 공격, 유혈 사태, 무차별한 잔혹행위 등 뉴스에 나오는 장면을 떠올려 보라.

이런 악행으로 모자라다는 듯, 불황이 다시 닥칠지 모른다는 두려움도 있다. 우리는 상승 장세가 약세로 돌아서서 금융계가 붕괴할까 봐 벌벌 떠는 것 같다. 목자들은 밤에 양떼를 지키느라 깨어 있었는데, 우리는 밤에 주식을 감시하느라 잠을 설친 지 오래다.

그 밖에도 많이 있다.

지킬 수 없는 일자리
원인 모를 종양
회복 불능의 부부 관계
비위 맞추기 힘든 상사

크리스마스 이야기에서 천사 역을 맡았던 소년의

심정에 우리도 공감한다. 소년은 자신의 대사를 엄마와 함께 수도 없이 연습했다. "나니 두려워 말라." "나니 두려워 말라."

그런데 막상 크리스마스 연극이 시작되어 무대에 오르자 소년은 그만 조명과 청중 앞에 얼어붙고 말았다. 어색한 침묵이 흐른 후에 결국 아이의 입에서 나온 말은 "난데 무서워요"였다.

당신도 무서운가? 그렇다면 당신에게도 크리스마스가 필요하지 않을까? 달콤한 감상이나 산타의 응원이나 알코올을 두 배로 넣은 뱅쇼를 말하는 게 아니다. 그런 것은 크리스마스가 아니다.

어릴 적 우리 아빠의 말마따나 크리스마스의 주인공은 예수님이다. 크리스마스(Christmas)라는 단어의 아홉 철자 중 여섯이 그리스도(Christ)의 이름이다. 그분이 핵심이라는 뜻이다. 산타마스나 쇼핑마스나 사슴마스가 아니라 **그리스도**마스다. 그래서 크리스마스는 우리가 베들레헴의 메시지를 받아들이기 전까지는 크리스마스가 아니다.

하나님은 늘 곁에서 우리를 위하신다. 늘 우리 안에 계신다. 우리는 그분을 잊을지 몰라도 그분은 결코 우리를 잊지 않으신다.

당신은 그 메시지를 받아들였는가? 정신없이 바쁜 크리스마스 시즌에 시간을 내서 이 시즌의 약속을 받아들인 적이 있는가?

- 하나님은 우리를 이해하신다.
- 하나님은 우리를 구원하신다.

하나님은 늘 우리 곁에 계신다. 그나저나 베들레헴은 시작에 불과했다. 예수님은 속편 공연을 약속하셨다. 베들레헴 2탄인데, 이번에는 고요한 밤이 아니다. 장차 하늘이 열리고 나팔소리가 울려 퍼지면서 새 나라가 시작된다. 그분이 모든 무덤을 비우시고 죽음의 겨울을 녹이신다. 한 몸을 이룬 그분의 자녀들의 뺨에서 모든 눈물을 닦아 내신다. "슬픔과 질병과 휠체어와 암은 영영 사라져라! 공포의 밤과 무서운 비명도 그동안으로 족하다! 사망은 죽고 생명이 다스려라!" 베들레헴의 말구유는 우리에게 아직 최고가 남아 있음을 믿으라고 권하다 못해 도전장을 내민다. 오늘 당장이라도 그런 일이 일어날 수 있다.

오늘이 아니라면 그만한 이유가 있다. 우연한 날이나 중요하지 않은 날은 없다. 제멋대로거나 헛된 행위도 없다. 베들레헴의 출생 사건을 보라. 왕이 인구조사를 명했다. 요셉은 어쩔 수 없이 여행을 떠났다. 배가 남산만 해진 마리아는 나귀 등에서 부대꼈다. 시간은 늦었는데 여관은 만원이었다. 온통 번거로운 일이었다. 그런데 그 번거로움 속에서 희망이 태어났다.

지금도 마찬가지다. 번거로운 일이라면 나도 싫다. 그런데도 크리스마스가 참 좋은 이유는 다음 사실을 우리에게 상기시켜 주기 때문이다. "하나님을 사랑하는…… 자들에게는 하나님이 모든 것을 합하여 선을 이루느니라"(롬 8:28).

이는 우리 마음을 새롭게 빚어내는 크리스마스의 약속이다. 절기의 인파가 사라지고 캐럴이 그치고 불빛이 꺼져도 이 약속만은 영원히 남는다 .

이번 크리스마스에는 당신도 크리스마스를 누려야 하지 않겠는가?

붉은 상고머리에 주근깨투성이였던 여섯 살배기 내가 했던 것처럼 우리도 그렇게 해 보자. 등불을 켜고 편한 곳에 웅크려 앉아 신기하고 놀라운 베들레헴 이야기를 들여다보자.

내가 얻은 평생의 희망을 당신도 얻게 되기를 바란다.

하나님도 얼굴이 있다

왜 우리는 승강기의 단추를 여러 번씩 누를까?

왜 버스 앞자리와 교회 뒷자리를 좋아할까?

왜 몸에 구멍을 뚫어 장신구를 매달까?

왜 지시를 요청해 놓고는 지시한 사람에게 따질까?

넥타이는 왜 꼭 매야 하는 걸까?

합리적 행동은 우리의 주특기가 아니다. 특히 정신 이상의 문턱에까지 간 사람을 보려면, 가정마다 크리스마스 때 아기를 어떻게 대하는지 지켜보면 된다.

예고조차 없으니 아기만 딱하다. 열 달의 여정 끝에 이 땅에 태어나 이제 좀 회복되려는 아기를 가족들은 반려견 행진에 나가는 강아지라도 되는 양 벌써부터 꾸민다. 위에 하얀 방울이 달린 빨간 털모자를 씌우고, 발가락 부분이 구부러져 올라간 앙증맞은 요정 신발을 신긴다. 이 아기가 십대가 되어 헐렁한 청바지 차림에 문신을 뽐내고 다니면 어른들은 그 모습에 신음 소리를 내겠지만, 생후 6개월 된 아기에게 멜빵을 메어 주고 사슴뿔 머리띠를 씌워 주고는 귀엽다고 한다.

우리가 주는 선물은 또 어떤가. 교육열에 불타는 엄마는 아직 아기 침대에서 나오지도 못하는 어린것을 책벌레로 만든다. 손을 잡아 주지 않으면 걷지도 못하는 손자에게 할아버지는 홈런왕 야구 방망이를 준다.

우리가 찍는 사진도 빼놓을 수 없다!

크리스마스트리 장식물을 깨물고 노는 아기

그러다 나무 밑에서 선잠 든 아기

산타의 무릎에 앉은 아기

산타의 무릎에 지도를 그린 아기

그야말로 야단법석이다! 방 안에 아기만 들여 놓으면 모든 게 달라진다. 할머니는 아기를 받으려고 손을 뻗고 할아버지는 잠에서 깨어난다. 화제도 정치와 대통

령에서 기저귀와 고무젖꼭지로 바뀐다. 해마다 이맘때
면 무대의 중앙은 아기들 몫이다. 마땅히 그래야 한다.
크리스마스는 한 아기의 이야기가 아니던가?

하늘의 씨가 마리아의 태에 심기니

점 같이 작지만 전능자시며

태아로되 강하시도다.

하나님이 산도를 타고 내려와

태어나시고

창조주가 베들레헴 헛간의 구유에 누우시니

유아로되 무한하시고

잠들어 있지만 왕이시로다.

하나님이 엄마 품에서 까르륵 소리를 내시니

아기로다.

이 크리스마스의 순간이 이후 모든 크리스마스의
원형이 되었다. 별이 빛나던 밤에, 양과 소와 어리둥절
한 요셉 곁에서 마리아의 눈길은 갓 태어난 아들의 얼
굴 위에 머물렀다. 당연히 그녀는 녹초가 되었고 산후
통도 가시지 않았을 것이다. 당장이라도 밀짚에 고개
를 누이면 아마도 밤새 단잠에 빠졌으리라. 그러나 마

리아는 이 얼굴 곧 **그분의** 얼굴부터 보아야 했다. 입가의 침을 닦아 주고 뺨을 어루만져야 했다. 사상 최초로 이렇게 속삭여야 했다. "그러니까 하나님이 이렇게 생겼구나."

예수님은 우리 세상에 인간처럼 오신 게 아니라 인간으로 오셨다.

사람들은 늘 하나님의 형상을 궁금해 했다. 사회마다 추측하고 부족마다 고심하여 다양한 결론에 이르렀다. 하나님은 금송아지, 폭풍, 성난 화산 따위로 묘사되었다. 날개가 달려 있고, 불을 뿜어내고, 영아를 잡아먹고, 고행을 요구하는 존재다. 우리가 상상한 하나님은 흉포하고 변덕스러운 마법의 미치광이다. 우리 쪽에서 피하고 겁내고 비위를 맞춰야 할 신이다. 그러나 인류의 상상이 아무리 기상천외해도 하나님이 아기로 세상에 오시리라고는 한 번도 생각한 적이 없다.

"말씀이 육신이 되어 우리 가운데 거하시매"(요 1:14). 말씀은 회오리바람이나 삼키는 불이 되신 게 아니라 단세포와 수정란과 태아와 아기가 되셨다. 태반이 그분께 양분을 공급했고 양막이 그분을 에워쌌다. 그분은 자라서 주먹만 한 크기가 되셨고, 조그만 심장은 여러 심실로 분화했다. 하나님이 육신이 되셨다.

예수님은 우리 세상에 **인간처럼** 오신 게 아니라 **인간으로** 오셨다. 그분도 사춘기와 여드름과 무더운 날씨와 까다로운 이웃들을 겪으셨다. 하나님이 머리부터 발끝까지 인간이 되셨다. 별들을 매달고 바다에 물을 퍼 넣으신 분이 젖을 빨고 건초 더미 위에서 잤다.

오래 전 내가 쓴 책의 어느 장 제목을 "마리아에게 묻는 25가지 질문"이라고 붙인 적이 있다.[1] 성장기의 예수에 대한 젊은 마리아의 생각을 내가 추측해 써 본 것인데, 이 발상이 어떤 초등학교 교사의 상상을 사로잡았다. 학생들을 대상으로 그녀는 젊은 마리아에게 하고 싶은 질문을 죽 꼽아 보게 했다. 학생들의 반응을 일부 소개하면 이렇다.

"온 세상을 위한 임신이라고 정말 믿어졌나요?"

"엄마 노릇을 잘하지 못할까 봐 두려웠나요?"

"아기 예수님이 처음 말한 단어는 무엇인가요?"

"예수님은 예뻤나요?"

"예수님도 아픈 적이 있나요?"

"예수님도 말썽을 부린 적이 있나요?"

"태어날 때부터 머리카락이 나 있었나요?"

"예수님은 무슨 음식을 좋아했나요?"

"혹시 자신이 남보다 거룩하게 느껴지던가요?"

"예수님도 반려동물이 있었나요?"

모두 있을 법한 질문이다. 이런 질문이 얼마든지 가능하기에, 거기서 야기되는 더 궁극의 질문이 있다.

그런 여정이 왜 필요했을까? 왜 하나님은 그렇게까지 하셨을까?

> 왜 하나님은 그렇게까지 하셨을까?
>
> 그분은 당신을 이해하시며 당신이 그 사실을 알기 원하신다.
>
> 당신이 겪는 일을 그분도 겪으셨기에 당신의 심정을 아신다.

주된 이유는 이것이다. 그분은 당신을 이해하시며 당신이 그 사실을 알기 원하신다. 당신이 겪는 일을 그분도 겪으셨기에 당신의 심정을 이해하신다. 예수님은 "우리의 현실에 무관심한" 분이 아니다. 그분은 "연약함과 시험, 온갖 고난을 다 겪으셨지만 죄는 짓지 않으셨습니다. 그러니 곧장 그분께로 나아가, 그분이 기꺼이 주시려는 것을 받으십시오. 자비를 입고 도움을 받으십시오"(히 4:15-16, 메시지).

그분이 이해하심을 알기에 당신은 담대히 그분께 갈 수 있다. 베들레헴의 기적으로 인해 당신도 다음과 같은 근원적 질문들에 답할 수 있다. 내 슬픔에 하나님도 관심이 있으실까? 나사로의 무덤가에 서신 예수님의 눈물 자국 난 얼굴을 보라. 내 두려움을 하나님이 알아주실까? 친구들을 구하러 풍랑 속을 당당히 걸어오시는 예수님의 결연한 눈빛을 보라. 내가 무시당하거나 거부당할 때 하나님도 아실까? 간음한 여인을 옹호하러 일어서신 그리스도의 긍휼에 찬 시선 속에 답이 있다.[2]

예수님은 "하나님의 영광의 광채시요 그 본체의 형상"이시다(히 1:3). 그분이 친히 "나를 본 자는 아버지를 보았거늘"이라고 단언하셨다(요 14:9).

"내 울음을 본 자는 아버지의 울음을 보았거늘."

"내 웃음을 본 자는 아버지의 웃음을 보았거늘."

"내 결의를 본 자는 아버지의 결의를 보았거늘."

하나님을 보고 싶은가? 예수님을 보라.

1926년에 조지 할리는 라이베리아의 마노 부족이 사는 지역에 의료 선교회를 설립했다. 현지인들은 이 의사를 잘 받아들였고 그를 거들어 진료소와 예배당도 지었다. 마침내 할리는 매년 1만 명이 넘는 환자를 치료했다. 그러나 첫 5년 동안 예배당에 찾아온 부족민은 하나도 없었다.

현지에 부임한 지 얼마 안 되어 할리의 아내가 첫아

이를 낳았다. 아이는 숲 언저리에서 자랐다. 훗날 할리의 회고에 따르면, "눈에 넣어도 아프지 않을 아이였지. 그 아이를 우리가 얼마나 사랑했는지 모른다네! 그런데 아이가 다섯 살이 거의 되어 가던 어느 날, 진료소 창밖으로 아이가 보이는데 들판을 달리다가 풀썩 쓰러지더군. 일어나서 좀 더 달리다가 또 넘어졌는데, 이번에는 꼼짝도 하지 않지 뭔가. 얼른 달려나가 아이를 안아 올렸더니 그 조그만 몸뚱이가 불덩이더군. 내 품에 안고 말해 주었지. '애야, 걱정 마라. 아빠가 이 열대 열병의 치료법을 알거든. 아빠가 낫게 해 줄게.'"

할리 박사는 자신이 아는 치료법을 다 써 보았으나 백약이 무효했다. 고열이 맹위를 떨치다가 순식간에 아이의 목숨을 앗아갔다. 부모의 슬픔은 이루 말할 수 없었다. 선교사 할리는 작업실에 들어가 관을 짠 뒤 아이를 안에 넣고 못질을 했다. 그러고는 묻을 곳을 찾아 어깨에 관을 메고 개간지 쪽으로 가고 있었다. 마침 마을의 노인 하나가 그를 보고 무슨 상자냐고 물었다. 아들이 죽었다는 할리의 설명에 노인은 운구를 돕겠다고 자청했다. 이후에 벌어진 일을 할리 박사는 한 친구에게 이렇게 회고했다.

그래서 노인과 내가 양쪽 끝에서 관을 들었네. 마침내 숲의 개간지에 다다른 우리는 무덤을 파고 아이를 그 안에 뉘였지. 그런데 흙을 덮고 나니 도저히 더는 견디지 못하겠더군.…… 바닥에 털썩 무릎을 꿇고는 주체할 수 없이 오열하고 말았네. 사랑하는 아들이 죽었는데, 고국의 가족들로부터 1만3천 킬로미터나 떨어진 아프리카 정글 한복판에 있으니 완전히 외톨이가 된 심정이었지.

그런데 내가 울음을 터뜨리자 노인이 놀라 고개를 쳐들더니 내 옆에 쪼그려 앉아 나를 골똘히 쳐다보지 뭔가. 한참을 그렇게 앉아 내 울음소리를 듣던 그가 갑자기 벌떡 일어나 정글 속의 오솔길로 도로 내달리더군. 그러면서 쉴 새 없이 목이 터져라 이렇게 외치는 걸세. "백인이 운다. 백인도 우리처럼 운다."[3]

그날 저녁 할리 부부가 오두막에서 슬퍼하고 있는데 누군가 문을 두드렸다. 할리가 문을 열어 보니 추장을 비롯해서 마을 사람들이 남녀노소 할 것 없이 거의 다 와 있었다. 그다음 일요일에도 그들이 다시 와서 예배당은 미어터질 정도였다. 예수님에 대해 듣고 싶다는 것이었다.

마을 사람들이 선교사의 눈물을 본 뒤로 모든 것이 달라졌다.

우리도 하나님의 얼굴을 보면 모든 것이 달라진다.

당신에게 얼굴을 보이시고 싶어

그분은 당신과 같은 얼굴을 취하셨다.

하나님도 오셔서 눈물을 보이셨다. 그분은 상한 마음의 짐을 아신다. 인생에 닥쳐오는 슬픔을 아신다. 그분은 구름 속의 음성이나 찬란한 빛으로 오실 수도 있었지만 한 인간으로 오셨다. 하나님이 당신을 이해하실까? 베들레헴에 답이 있다.

마리아가 응시했던 데를 당신도 응시하라. 하나님의 얼굴을 들여다보며 안심하라. 동물과 목자와 포대기의 세상 속에 기꺼이 들어오신 왕이라면 당신의 세상 속에도 기꺼이 들어오시지 않겠는가?

당신에게 얼굴을 보이시고 싶어 그분은 당신과 같은 얼굴을 취하셨다.

3

자아로부터 구원받아야 할 우리

내 행동을 명절의 교통 체증 탓으로 돌리려 해 보았다. 추수감사절 주말이라 백화점 부근의 도로마다 통제되어 혼돈 상태에 빠져 있었다.

내 빗나간 행위를 기분 탓으로 돌려도 보았다. 그때 나는 차를 몰고 처가에 가던 길이었다. 날로 쇠약해져 가고 있던 장모님의 장례식을 상의하느라 거의 온종일 아내와 머리를 맞대고 난 후였다.

내 한심한 반응을 십대 아이의 무모한 유턴 탓으로 돌려도 보았다. 그가 내 차의 범퍼를 긁어 놓을 뻔했다고.

번잡한 도로에서 내가 신호등의 화살표를 따라 우

회전하고 있는데, 그 십대 아이가 갑자기 돌발적인 급커브로 중앙선을 홱 돌았다. 두 차가 부딪칠 뻔했다. 나는 그에게 경적을 울렸다. 솔직히 내 경적 소리는 정중하게 "에헴, 실례지만 내 차가 여기 있소"라고 알리는 게 아니라 길고 요란하게 "네가 지금 무슨 사고를 칠 뻔했는지 알아?"라고 따지는 소리였다.

그가 몰던 차는 차고가 낮고 바퀴가 넓은 2색조의 80년대산 구식으로 매연을 잔뜩 뿜어냈다. 소음기가 필요했고 동승자도 더 철이 들어야 했다. 가속하는 그 차의 조수석 창밖으로 팔이 길게 나오더니 뒤쪽의 내게 가운데 손가락을 흔들어 보였다.

화가 나서 나도 속도를 높였다.

신호등 덕분에 머잖아 가해자와 나란히 섰다. 조수석 창문이 여전히 내려져 있기에 나도 창문을 내렸다. 그가 나를 쳐다보았다. 검은 더벅머리 위로 야구 모자를 눌러 썼는데, 삐딱하게 기울어진 모자챙만큼이나 얼굴에도 능글맞은 웃음이 삐딱하게 피어 있었다.

"얘, 그 손가락 좀 조심해야겠네."

이상적인 세상에서라면 그도 사과했을 테고 나도 미리 "메리 크리스마스"를 빌어 주었으리라. 그러면 당신에게 이 이야기를 할 일도 없을 것이다.

하지만 세상은 이상적인 곳이 아니다. 손가락을 조심하라는 내 말에 그는 더 능글맞게 웃으며 "누구 맘대로요!"라고 되받았다.

누구 맘대로라니? 내가 그 말을 마지막으로 들은 때가 언제였던가? 중학교 때였나? 고등학교 라커룸에서였나? 졸업 파티가 끝난 후에 그런 난투극이 있었다. **누구 맘대로?** 그건 십대들이나 하는 말이다. 물론 그는 십대였다. 아직 수염도 나지 않은 아이였다. 깡마른 체구에 머리칼이 축 늘어지고 테스토스테론이 왕성한 사춘기 소년이 친구의 고출력 자동차에 동승하여 득의양양해 있었다.

나로 말하자면 더 나은 세상을 만들려는 소명감을 품고 기독교 서적을 집필하며 집회에서 강연하는 60세의 목사다. 그쯤에서 내 창문을 올렸어야 하는데 그러지 않았다. 나는 문자적으로는 물론 은유적으로도 그를 내려다보며, 조소하는 표정으로 말했다. "너 지금 뭐라고 했니?"

"누구 맘대로냐고요." 그가 그 말을 되풀이했다.

천국의 성도들이 "루케이도, 그냥 떠나라"라고 말했다.

상식도 "루케이도, 그냥 떠나라"라고 재촉했다.

우주의 선한 천사들도 "루케이도, 그냥 떠나라"라고 다그쳤다.

나는 듣지 않았다. 그 애송이의 도발이 내 안의 애송이를 흔들어 깨웠다. 수십 년 만에 처음 보는 내 모습이었다. "좋아, 어디로 갈래?" 내가 버럭 내뱉은 말이다.

그의 눈이 햄버거 패티만큼 커졌다. 내 말이 믿어지지 않는다는 눈치였다. 하긴 나도 내 말이 믿어지지 않았다. 당신도 믿어지지 않을 것이다. 내가 심각하다는 것을 알고는 그도 심각해졌다.

"백화점에서 해결합시다."

"무슨 소리야?" 내가 말했다. "백화점에는 사람이 너무 많아. 날 따라와." 이거야말로 무슨 소리인가? 갑자기 내가 한판 붙으려면 어디로 가야 하는지를 아는 전문가라도 되었단 말인가?

신호등이 바뀌었고 나는 가속 페달을 밟았다. 백미러로 보니 두 아이가 열띤 토론을 벌이고 있었다.

"네 생각은 어떠냐?"

"몰라. 네 생각은?"

"그 사람 꽤 괴짜 같던데."

"맞아, 무기 같은 게 있을지도 몰라."

다음번 신호등이 나왔을 때는 그들이 온데간데없이

사라져 버렸다. 주차장으로 들어간 게 분명했다.

얼마나 안도했는지 모른다. 그때부터 처가에 도착할 때까지 이런 생각이 들었다. '정말 내가 아이한테 결투를 신청했단 말이지? 제정신인가?'

내 행동을 기분 탓으로, 교통 체증의 스트레스 탓으로, 내 차를 칠 뻔한 운전자 탓으로, 내 화를 돋운 그 동승자 탓으로 돌리고 싶었다. 그러나 내 엉뚱한 행위를 탓할 수 있는 원인은 하나뿐이었으니, 곧 내 안의 애송이었다. 백화점 부근의 신호등 앞에서 나는 몇 분 동안 내가 누구인지를 망각했다.

그 십대 아이가 누구인지도 망각했다. 그 격앙된 순간 그는 누군가의 아들이 아니었다. 하나님의 피조물도 아니고 심히 기묘하게 지어진 기적의 존재도 아니었다. 그저 불손한 얼간이일 뿐이었다. 게다가 나까지 그에게 놀아나 내 안의 불손한 얼간이가 비집고 나왔다.

성경에 이런 애송이 성향을 부르는 명칭이 있다. 바로 죄다. 죄성이란 "무조건 내 방식대로 돼야 한다"라고 고집을 부리는 자기중심적 태도다. 죄성은 온통 자기밖에 모른다. 자기를 즐겁게 하고, 자기를 내세우고, 자기를 지켜야 한다. 죄는 이기적이다.

내게도 죄성이 있다.

당신도 마찬가지다(메리 크리스마스!). 상황이 그럴 만하면 당신도 잘못을 저지른다. 원해서는 아니다. 잘못을 저지르지 않으려 해도 어쩔 수 없다. 왜일까? 당신에게 죄성이 있기 때문이다.

태어날 때부터 그랬다. 우리 모두가 그렇다. 부모가 가르쳐 주지 않았는데도 우리는 성깔 부리는 재주를 타고났다. 아무도 알려 주지 않았는데도 형이나 동생의 과자를 훔치는 법을 그냥 안다. 강습 받은 적이 없는데도 기저귀를 떼기 전부터 벌써 삐치거나 책임을 떠넘기기에 능하다. 인간 문제의 핵심은 마음에 있다.

인간 문제의 핵심은 마음에 있다.

우리는 저마다 죄성을 품고 태어났다.

하나님은 그 죄성을 퇴치하려고 세상에 오셨다. 크리스마스는 하나님이 우리를 자아로부터 구원하러 오신 때와 방식을 기념하는 날이다.

천사가 요셉에게 한 말을 잘 보라.

다윗의 자손 요셉아, 네 아내 마리아 데려오기를 무서워하지 말라. 그에게 잉태된 자는 성령으로 된 것이라.

아들을 낳으리니 이름을 예수라 하라. 이는 그가 자기 백성을 그들의 죄에서 구원할 자이심이라(마 1:20-21).

예수라는 이름과 "자기 백성을 그들의 죄에서 구원한다"는 말의 연관성이 우리에게는 안 보일 수 있으나 히브리어를 잘 알던 요셉에게는 보였을 것이다. **예수**라는 이름의 히브리어 어원은 '여호수아'의 단축형인 '예수아'이며, 뜻은 "여호와가 구원하신다"이다.[1]

예수님은 누구신가? **하나님이** 구원하신다.

예수님은 무엇을 하러 오셨는가? 하나님이 **구원하신다.**

하나님이 구원하신다. 예수님은 단지 경건하거나 하나님 같거나 하나님 중심이거나 하나님을 갈망하거나 예배하는 분이 아니다. 그분은 하나님이시다. 단지 하나님의 종이나 도구나 친구가 아니라, 하나님 자신이시다.

하나님이 **구원하신다.** 하나님은 단지 공감하거나 돌보거나 듣거나 돕거나 지원하거나 응원하시는 게 아니다. 그분은 구원하신다. 구체적으로 "자기 백성을 그들의 죄에서 구원"하신다(21절). 예수님은 우리를 구원하러 오셨다. 정치나 원수나 역경이나 난관으로부터만 아니라 죄에서 우리를 구원하러 오셨다.

예수님은 우리를 구원하러 오셨다. 정치나 원수나 역경이나
난관으로부터만 아니라 죄에서 우리를 구원하러 오셨다.

이유는 이렇다. 하나님께서는 당신과 나를 향한 숭고한 계획이 있다. 그분은 천국에 거주할 자기 백성을 모집하시는 중이다. 장차 하나님은 그분의 지구와 자녀들을 찬란한 에덴 동산의 수준으로 회복하실 것이다. 완전한 상태다. 광채도 완전하고, 의도 완전하고, 조화도 완전하다.

천국을 묘사하는 한 단어는 **완전함**이다.

우리를 묘사하는 한 단어는 **불완전함**이다.

하나님의 나라는 완전한데 그분의 자녀들은 그렇지 못하니 이제 그분은 어찌하실 것인가? 우리를 버리고 다시 시작하실 것인가? 그러실 수도 있다. 하지만 그러기에는 우리를 향한 그분의 사랑이 너무 크다.

그래서 그분은 우리의 죄성을 묵인하실 것인가? 반항을 일삼는 자기중심적 시민들을 그대로 천국에 거주시키실 것인가? 그러면 천국이 어떻게 천국이겠는가?

그분께는 더 위대한 계획이 있다. "아버지께서는 [자기의] 모든 충만으로 예수 안에 거하게 하시[기를 기뻐하심이라]"(골 1:19).

하나님의 모든 사랑이 인간이신 예수님 안에 있었다. 하나님의 모든 힘이 예수님 안에 있었다. 한동안 하나님의 모든 긍휼과 능력과 헌신이 이 땅에 사시던 한 목수의 몸 안에 있었다.

그러니 예수님이 말씀하시면 바람이 순종할 만도 했다. **하나님이 말씀하셨기** 때문이다.

예수님이 환부를 만지시면 병균이 달아날 만도 했다. **하나님이 만지셨기** 때문이다.

예수님이 걸으시면 물이 그분을 떠받칠 만도 했다. **하나님이 걸으셨기** 때문이다.

예수님이 가르치시면 사람들의 말문이 막힐 만도 했다. **하나님이 가르치셨기** 때문이다.

마침내 예수님이 십자가에 못 박히시자 무수히 많은 천사가 일어나 넋을 잃고 바라볼 만도 했다. **하나님이 죽으셨기** 때문이다.

사람들이 자신을 십자가에 못 박는데도 예수님은 가만히 계셨다! 우리를 위하여 죄가 되셨다. "하나님이 죄를 알지도 못하신 이를 우리를 대신하여 죄로 삼으신 것은……"(고후 5:21). 베들레헴의 요람에서 시작된 일이 예루살렘의 십자가에서 다 이루어졌다.

그런데 그게 다가 아니다.

예수님은 **우리를 위하여** 일을 이루셨을 뿐 아니라 지금도 **우리 안에서** 일하신다. "이 비밀을 간단히 말씀드리면, 그리스도께서 여러분 안에 계시(다는)…… 것입니다"(골 1:27, 메시지).

그분은 우리의 손과 발을 징발하시고 우리의 생각과 혀를 요구하신다. "처음부터 하나님은 그분을 사랑하는 사람들의 삶을 그분 아들의 삶을 본떠 빚으시려고 결정해 두셨습니다"(롬 8:29, 메시지).

그리스도께서 죗값을 치르셨으므로 죄는 무력해졌다. 이제 우리 내면에서 애송이는 쇠하고 그리스도는 흥한다. 하나님은 날마다 우리를 어제보다 한 차원 높게 변화시키신다. 우리는 무죄한 존재까지는 되지 못하지만 죄를 덜 짓는다.

> 우리는 무죄한 존재까지는 되지 못하지만 죄를 덜 짓는다.

죄를 지었을 때도 우리에게는 이런 확신이 있다. 즉 우리를 구원한 은혜가 또한 우리를 지킨다는 것이다. 우리는 평정심과 바른 시각과 자제력을 잃을 수는 있어도 희망만은 결코 잃지 않는다. 왜일까? 하나님이 우리를 붙들고 계시기 때문이다. 그분은 "능히 너희를 보호하사 거침이 없게 하시고 너희로 그 영광 앞에 흠이 없이 기쁨으로 서게 하실 이"시다(유 1:24).

신자는 죄책으로부터 구원받았고, 죄에서 파생된 문제들로부터 구원받는 중이며, 그리스도께서 재림하실 때 죄의 형벌로부터 구원받는다. 온전하고 포괄적인 구원이다.

하나님이 구원하신다!

오직 하나님만이 구원하신다. 우리 스스로 구원할 수 있다면 왜 구주가 필요하겠는가? 예수님은 우리 스스로 구원하도록 도우려고 세상에 오신 게 아니라 우리를 자아로부터 구원하려고 오셨다.

보이스카우트 때 나는 인명을 구조했다는 공훈 배지를 받았다. 실제로 사람을 구조한 적은 없다. 사실 내가 구조한 사람이라고는 구조 받을 필요가 없는 보이스카우트 단원들뿐이었다. 수련 중에 동료 수련생을 구조하곤 했던 것이다. 우리는 차례로 서로를 구조했는데, 실제로 물에 빠진 게 아니다 보니 구조에 저항했다.

"발버둥 좀 그만 쳐. 그래야 너를 구조하지."으레 하던 말이다.

스스로 구원하려는 사람을 구원하기란 불가능하다. 마음이 상했거나 무일푼 상태거나 차에 기름이 떨어졌을 때는 당신 스스로 구원할 수 있을지도 모른다. 그러나 당신은 죄로부터 스스로 구원하기에는 충분히 선하지 못하고, 죽음으로부터 스스로 구원하기에는 충분히 강하지 못하다. 그래서 당신에게 구주가 필요하다.

베들레헴으로 인해 당신에게 구주가 있다.

그래서 당신에게 구주가 필요하다.

베들레헴으로 인해 당신에게 구주가 있다.

당신이 그분을 받아들이면 그분도 당신을 받아 주신다. 그분은 당신의 죄성을 그분의 성품으로 변화시켜 주신다. 얼마나 다행인가. 특히 차가 많이 밀리는 명절에 말이다.

행여 이 글이 앞서 말한 이야기 속의 버릇없는 두 아이의 손에까지 들어간다면, 그들에게 말하고 싶다. "미안하다. 너희의 행동도 나빴지만 내 반응은 더 나빴어. 하나님이 우리 모두를 고치시는 중이구나."

허전한 절기의 희망

크리스마스는 방해받는 절기다. 어떤 방해는 즐겁지만 그렇지 않은 방해도 있다.

다이어트와 업무와 청구서는 방해받아도 즐겁다. 대신 뱅쇼와 직원 회식과 크리스마스카드가 있다면.

그러나 시카고의 눈보라는 없어도 된다. 그 바람에 애틀랜타행 비행기는 발이 묶이고 앨버커키의 승객들은 오도 가도 못한다. 한밤중에 사촌한테서 걸려오는 전화도 없어도 된다. 자기네 부부가 아이들을 데리고 명절 중에 이쪽 지역에 오려 하니, 대형 캠핑카를 "정말 딱 열흘만" 집 앞에 주차하게 해 달라고 부탁하니 말이다.

크리스마스에는 이처럼 방해받을 일이 딸려 온다. 우리 삶도 마찬가지다.

아기 침대를 팔자마자 예정에 없던 아이가 들어선다. 겨우 은퇴할 준비가 되었는데 예기치 않게 등록금을 더 대야 할 일이 생긴다. 계획이 마무리되었다 싶으면 불시에 감원이나 수술이나 전근이나 치료가 또 닥쳐온다.

방해는 두려움과 불안을 불러일으킬 수 있다. 숙면을 앗아가고 기쁨을 훔쳐 간다. 하나님을 의심하다 못해 떠나게까지 만들 수 있다.

당신도 삶의 이 시기에 뭔가 방해에 직면해 있을 수 있다. 원하던 것과 주어진 것이 서로 일치하지 않는다. 그래서 괴롭고 불안하고 화도 난다. 지금 당신이 그 상태인가?

작년 크리스마스에 우리 가족이 영락없이 그랬다.

대림절 둘째 주말에 나는 종일 교회에서 토요일 저녁예배의 말씀을 준비하고 전했다. 집에 돌아왔을 때는 꽤 늦은 밤이었다. 데날린이 주방에서 나를 기다리고 있는데, 표정만 보고도 뭔가 문제가 있음을 알 수 있었다.

"맥스, 제나가 임신했대요."

발표 내용과 얼굴 표정이 맞아떨어지지 않았다. 그런 소식이라면 데날린이 두 손을 흔들며 나를 끌어안아야 했다. 드디어 우리도 할머니 할아버지가 될 테니 말이다! 그런데 축하하는커녕 우려만 가득했다. 눈에는 눈물이 고여 있었다.

"지금 응급실에 있어요."

우리는 부리나케 병원으로 달려갔다.

응급실에는 크리스마스 장식이 잘 어울리지 않는다. 화환을 건다고 해서 엑스레이 기계가 흥겨워질 리 없고, 빨간색과 초록색 꼬마전구로 들것에 행복한 불빛을 비출 수는 없다. 안내 방송 스피커에 아무리 캐럴을 틀어 놓아도 각종 모니터의 신호음이 썰매의 방울소리보다 크다. 크리스마스에도 응급실은 응급실이다. 그런데 그 응급실에 우리 딸이 있었다.

간호사를 따라 복도를 지나 병실에 들어서니 제나가 침상에 누워 있었다. 딸은 인내심을 발휘하여 10초 정도 참다가 끝내 울음을 터뜨렸다. 가족들을 놀래 주고 싶었단다. 크리스마스 철의 임신이니 일대 발표를 하려 했단다. 제나는 아기를 원했다.

그러나 그 밤이 다할 무렵 우리는 아무래도 유산될 것 같다는 말을 들었다.

이튿날 아침에는 의사가 그것을 사실로 확인해 주었다.

그러잖아도 제나와 사위 브레트는 이미 힘든 시기를 보내고 있었다. 한 달 전에 브레트의 아버지가 돌아가셨다. 그들의 11월은 슬픈 잿빛이었는데, 이제 그보다 더한 12월이 될 터였다.

제나는 크리스마스가 명절이라기보다 휑하니 구멍이 뚫린 허전한 절기로 느껴진다고 말했다.

당신의 크리스마스도 똑같이 느껴질지 모른다. 즐거움보다 눈물이 많고 성탄 파티보다 아픔이 더 많을지도 모른다.

- 다른 집의 행복한 아이들을 볼 때마다 비어 있는 아기 침대가 떠오른다.
- 남들이 이런저런 모임으로 바쁠수록 당신의 한가한 일정표가 더 대비되어 보인다.
- 가족끼리 함께 보내는 사람들의 모습이 가족들과 떨어져 있는 당신의 고통을 더욱 부채질한다.

이 절기가 당신에게 힘겨워 12월 25일보다 26일이 더 기다려진다면, 여기 당신이 생각해 볼 만한 이야기가 있다. 한 아가씨의 이야기다.

그녀는 아무리 좋은 태도를 유지하려 해도 쉽지 않

았다. 고향과 가족들과 자신의 침대로부터 멀리 떨어져 있는 데다, 지난 며칠 동안 겨울철의 냉기를 견디며 혼잡한 노상에서 지냈으니 말이다. 돈은 빠듯했고 친구들도 곁에 없었다. 따뜻한 잠자리와 더운밥은 언감생심이었다.

그녀에게 마음과 허리 중 어느 쪽이 더 아팠느냐고 물어본다면, 선뜻 답을 못하고 고심할 것이다.

아픈 마음은 가족이 그리워서였다. 그녀는 가족들에게 소외감을 느꼈다. 일반적인 경우라면 딸의 임신 소식에 온 가족이 환호했을 것이다. 그런데 혼전 임신이라니! 집안은 보수적인데 그녀의 설명은 얼마나 엉뚱했던가. 게다가 결혼할 남자에게 그의 아기가 아니라는 말까지 해야 했다. 그런데도 그가 그녀와 결혼했다는 것은 기적이었다. 그리고 그날 밤 그녀에게 또 하나의 기적이 필요했다.

그녀는 집에서 몸을 풀 줄로만 알았었다. 엄마와 이모가 각각 한 손을 잡고 있고, 문밖에는 산파와 사랑 넘치는 친척들과 요셉과 이웃들이 모여 있는 채로 말이다. 첫아이의 출생을 모두 함께 경험할 수만 있다면, 어쩌면 그들도 그녀의 이야기를 믿게 되리라.

적어도 내가 상상하는 마리아의 심정은 그렇다. 물

론 내가 틀렸을 수도 있다. 어쩌면 여물통과 마구간을 그녀가 생각해 냈는지도 모른다. 하지만 그럴 것 같지는 않다. 예비 엄마치고 외양간과 구유를 분만실과 요람으로 쓰고 싶다는 사람을 나는 본 적이 없다. 마리아라고 다르지 않았을 것이다. 그러니 요셉이 여관에서 돌아와 마리아에게 양 알레르기가 있느냐고 물었을 때, 그녀가 못마땅해 했다 해도 과언은 아니다. 아기 예수의 출생을 이런 식으로 축하할 계획은 그녀에게 없었다.

요셉이 가파른 길로 나귀를 이끌고 가니 막바지에 굴 입구가 나온다. 먼 옛날 비바람에 패인 뒤로 쭉 헛간으로 쓰인 굴이다. 그가 나귀 등에서 마리아를 내려 주며 얼굴을 보니 흙먼지를 뒤집어쓴 채로 지쳐 있다. 그는 누추한 숙소를 미안해하고, 그녀는 그의 뺨을 만지며 미소를 짓고는 동굴 속으로 들어간다.

요셉은 불을 피워 물을 데운다. 마리아는 밀짚 위에 자리를 만들어 하나님을 낳을 준비를 한다. 그녀가 그야말로 하나님을 낳는 동안, 소들은 목격자가 되고 요셉은 산파 노릇을 한다.

얼마 후, 별을 매다시던 손이 마리아의 손가락을 쥐고 있다. 하늘을 걸으시던 발이 요셉의 손바닥 위에 놓여 있다. 그러니 온 하늘이 터져 나갈 듯 천사들이 예배한 것도 놀랄 일은 아니다. 행여 하나님 아버지의 사랑이 조금이라도 의심스러웠다면, 건초에 등이 긁히지 않게 그분이 볼품없는 수건에 싸여 계시던 그 밤에 그런 의심은 깨끗이 사라졌다.

> 행여 하나님 아버지의 사랑이 조금이라도 의심스러웠다면,
> 건초에 등이 긁히지 않게 그분이 볼품없는 수건에 싸여 계시던
> 그 밤에 그런 의심은 깨끗이 사라졌다.

그 순간 마리아는 이 모두가 가치 있는 일임을 알았다. 허리 통증과 아픈 마음은 사라졌다. 언제 어떻게 될까 하던 온갖 의문도 자취를 감추었다. 여관에 아들의 자리가 없었지만 괜찮았다. 그분은 사람들의 마음속에 자리를 찾으실 것이다. 예수님이 태어나시던 밤 그녀와 요셉이 집에서 멀리 떨어져 있었지만 그 또한 괜찮았다. 그분은 더 멀리 집을 떠나 오셨다. 아기 예수를 재울 따뜻한 침대가 없는 것도 문제는 아니었다.

혼돈에도 불구하고 그리스도는 오셨다.

논란의 임신, 강제 인구 조사, 때아닌 여행, 여관의 초만원 중에도 하나님은 마리아의 이야기에서 승리하셨다.

그분은 마태의 족보에서도 승리하셨다. 대개 우리는 예수님의 혈통을 그분의 출생이라는 맥락에서 언급하지 않지만, 마태는 그렇게 했다. 그의 복음서는 수십 명의 이름으로 시작된다. 동방 박사와 베들레헴의 별을 소개하기 전에 그는 "아브라함이 이삭을 낳고 이삭은 야곱을 낳고 야곱은 유다와 그의 형제들을 낳고 유다는 다말에게서 베레스와 세라를 낳고 베레스는 헤스론을 낳고 헤스론은 람을 낳고"(마 1:2-3)부터 우리에게 알려 준다.

명단은 열여섯 구절에 걸쳐 (끝도 없이) 이어진다. "오벳은 이새를 낳고 이새는 다윗 왕을 낳으니라. 다윗은······ 솔로몬을 낳고"(5-6절). 하품이 절로 난다. 예수님의 탄생 이야기로 건너뛰자! 다말이니 라합이니 룻을 도대체 누가 알아야 한단 말인가? 왜 마태는 요셉과 마리아를 언급하기 전에 다윗과 솔로몬부터 거론하는가?

뭔가 할 말이 있어서다. 혼돈은 그리스도를 그분의 세상에서 몰아낼 수 없다. 메시아는 조상 덕분에가 아니라 조상에도 불구하고 태어나셨다. 다말은 버림받았고, 룻은 이민자였고, 라합은 매춘부였다. 다윗은 간음했고 솔로몬은 바람둥이였다. 예수님의 계보는 지저분한 흠투성이다. 그중 일부 왕은 피에 굶주렸고 신앙이 없었다. 그런데도 하나님은 예수님이 오실 것을 약속하셨고, 과연 예수님은 오셨다. 그래서 이 족보는 이렇게 승리로 끝난다.

> 야곱은 마리아의 남편 요셉을 낳았으니 마리아에게서 그리스도(기름 부음 받은 자)라 칭하는 예수가 나시니라 (16절).

그리스도가 오셨다!

죄와 오명에도 불구하고 그리스도가 오셨다.

인종 차별과 성 차별에도 불구하고 그리스도가 오셨다.

그 백성이 하나님을 잊었는데도 그리스도가 오셨다.

아수라장에도 불구하고 그 속에서 그리스도가 오셨다.

뜻밖의 임신, 갑작스런 인구 조사, 나사렛에서 베들레헴까지의 먼 길은 모두 달갑지 않고 고달팠다. 그러나 결과는 세상 최고의 기적이었다. "(마리아가) 첫아들을 낳아 강보로 싸서 구유에 뉘었으니"(눅 2:7). 그 전까지의 모든 일은 바로 이 순간을 위해 존재했다. 첫 크리스마스는 마리아의 예상에 어긋났을까? 그렇다. 하지만 결과적으로 그녀가 꿈도 꾸지 못했을 만큼 더 훌륭했다. 하나님이 모든 악조건까지도 선용하여 그분의 뜻을 이루셨다.

당신도 이 사실을 환기할 필요가 있지 않은가? 밤은 짧고 일은 고되고 스트레스는 많은 당신의 세상에서, 예수님이 모든 것을 붙들고 계심을 알아야 하지 않겠는가?

언젠가 내가 보았던 고물 차에 당신도 공감할지 모르겠다. 덜컹거리며 고속도로를 달리던 그 차는 한쪽 문이 떨어져 나가고 후드가 찌그러지고 페인트가 벗겨져 있었다. 떨어질 듯 매달려 있는 범퍼에 이런 스티커가 붙어 있었다. "무엇이든 떨어지거든 경적을 울려 주시오."

먼저 하나님을 대면하지 않고는 위기에 마주설 수 없다.

"모든 것이―위에 있는 것과 아래에 있는 것, 보이는 것과 보이지 않는 것, 천사 위의 천사 위의 천사들까지―참으로 **모든 것이** 그분 안에서 시작되고, 그분 안에서 자신의 목적을 찾기 때문입니다. 그분은 만물이 존재하기 전부터 계셨고, 지금 이 순간에도 만물을 유지하고 계십니다"(골 1:16-17, 메시지).

하나님이 만물을 유지하고 계신다. 그분은 당신의 삶도 똑같이 붙들어 주신다.

당신 안의 모든 것과 주변의 모든 음성은 이렇게 말한다. "벗어나라. 화를 내라. 술에 취하라. 마약에 취하라." 그런 소리를 귀 기울여 듣지 말라. 먼저 하나님을 대면하지 않고는 위기에 마주설 수 없다.

아무것도 염려하지 말고 다만 모든 일에 기도와 간구로. 너희 구할 것을 감사함으로 하나님께 아뢰라. 그리하면 모든 지각에 뛰어난 하나님의 평강이 그리스도 예수 안에서 너희 마음과 생각을 지키시리라(빌 4:6-7).

그분을 꼭 붙들라. 응급실에서 당신의 꿈이 무너져 내릴 때 "주님, 지금 주님이 필요합니다"라고 아뢰라. 묘지의 비석 사이에서 "사랑하는 예수님, 저를 일으켜 주소서"라고 속삭이라. 면직되어 남들은 수군수군 불평할 때도 당신의 입에서는 연신 이런 기도가 새어 나와야 한다. "하나님, 하나님은 선하십니다. 저는…… 도움이…… 필요합니다. 용기를 주소서."

다윗 왕의 기도 일기에 이런 물음이 나온다. "모든 선한 것이 무너지면 선한 사람이 무엇을 하랴"(시 11:3,

NCV).

우리의 물음이기도 하지 않은가? 모든 선한 것이 무너질 때 선한 사람은 무엇을 할 수 있을까?

테러리스트가 공격하고, 질병이 무섭게 퍼지고, 가정이 붕괴되고, 교회가 갈라질 때…… 모든 선한 것이 무너질 때 선한 사람은 무엇을 할 수 있을까? 삶의 예기치 못한 우환과 재난 앞에서 경건한 반응은 무엇인가?

흥미롭게도 다윗은 이 물음에 답으로 답하지 않고 선포로 답한다. "여호와께서는 그의 성전에 계시고 여호와의 보좌는 하늘에 있음이여"(4절).

그의 요지는 명백하다. 모든 것이 흔들려도 하나님은 흔들리지 않는다. 그분은 자신의 성전에 계시며 그분의 계획은 틀어지지 않는다. 하나님은 우리의 폭풍에 영향을 입거나 우리의 문제에 구애받지 않으신다.

모든 것이 흔들려도 하나님은 흔들리지 않는다.

야곱의 아들 요셉의 이야기를 기억하는가? 이집트의 감옥에 갇혀 있던 그를 보라. 형들은 그를 팔았고 보디발의 아내는 그를 무고했다. 세상이 무너진 적이 있다면 바로 요셉이 그런 경우였다.

광야에서 양을 치던 모세를 생각해 보라. 그가 평생을 바치려던 일이 그거였던가? 천만의 말이다. 그의 심장은 히브리인의 피로 약동했다. 노예들을 이끌려는 열정으로 불타오르던 그에게 왜 하나님은 양떼를 이끌게 하셨는가?

다니엘은 어떤가? 그는 이스라엘에서 가장 똑똑하고 훌륭한 젊은이 중 하나였다. 미국 육군사관학교 생도나 아이비리그 학생에 맞먹었다. 그런데 그를 포함한 그 세대 전체가 예루살렘에서 바빌론으로 포로로 끌려갔다. 도성이 함락되고 성전은 폐허가 되었다.

요셉은 감옥에 갇히고, 모세는 광야에 있고, 다니엘은 자유를 잃었다. 암흑의 순간이었다. 거기서 무슨 선한 것이 보였겠는가? 죄수 요셉이 단번의 승진으로 이집트 총리가 될 줄을 누가 알았으랴. 장차 백성을 이끌 바로 그 사막에서 하나님이 40년간 모세에게 광야 생활을 훈련시키실 줄을 누가 짐작했으랴. 포로 다니엘이 머잖아 왕의 참모가 될 줄을 누가 상상했으랴.

비극을 승리로 반전시키시는 게 하나님의 전공이다. 그분은 요셉과 모세와 다니엘에게 그리하셨고, 무엇보다 십자가의 예수님께 그리하셨다. 무죄하신 분이 죽임을 당하셨다. 천국의 선물로 오신 분이 살해되었다.

어머니들은 울었고 악은 춤추었다. 사도들은 의문에 잠겨야 했다. "모든 선한 것이 무너지면 선한 사람이 무엇을 하랴."

하나님은 그들의 물음에 선포로 답하셨다. 지축이 흔들리고 돌이 굴러가게 하셨다. 그분은 그들에게 "여호와께서는 그의 성전에 계시고 여호와의 보좌는 하늘에 있음"(시 11:4)을 상기시키셨다.

크리스마스가 당신에게 힘든 시기인가? 그렇다면 용기를 내라. 여전히 하나님이 그분의 성전과 보좌에서 다스리고 계신다. 여전히 그분이 죄수를 고관으로, 포로를 참모로, 금요일을 일요일로 반전시키신다. 여전히 베들레헴에서 아름다움을 이끌어 내신다.

그때 그들에게 해 주신 일을 하나님은 지금 당신과 내게도 똑같이 해 주신다.

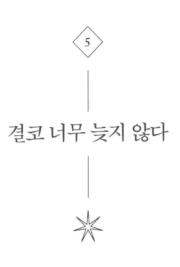

결코 너무 늦지 않다

그 선물은 내 양말 서랍 속에 숨겨져 있다. 오른편 안쪽 구석의 검은색 양말과 밤색 양말 사이에 끼워져 있다. 크리스마스 날 아침에 데날린이 상자를 열 것이다. 방 안에 찬탄의 소리가 가득하리라. 아내는 목걸이를 두른 뒤 손으로 장식물을 내보이며 남편에게 미소를 지어 보이리라. 한 딸은 "정말 완벽한 선물이에요!"라고 외치고, 다른 딸은 "아빠, 어떻게 아셨어요?"라고 물을 것이다.

그야 쉬웠다. 힌트대로 했을 뿐이다. 아내가 자신이

원하는 크리스마스 선물을 알려 주기에 나는 그것을 집으로 가져와 양말 서랍에 숨겼다. 이제 칭찬 받을 일만 남았다. 하지만 정말 그럴까? 사실 그 선물을 사온 사람은 아내나 마찬가지다.

아내는 나를 데리고 백화점 보석상에 들어가 판매원에게 그 목걸이를 유리 진열장에서 꺼내 달라고 했다. 그러더니 목걸이를 목에 대고 카운터의 거울로 장식물을 유심히 살펴보았다. 마침내 아내가 영어에 서툰 사람처럼 내게 띄엄띄엄 한 말은 이거였다. "맥스…… 이게…… 마음에…… 들어요……."

카운터 안쪽의 여성도 거들었다. "아내 분께서 이 목걸이 251호 제품을 좋아하시네요. 알아 두셔야 할 것 같아서요."

"맥스, 듣고 있나요?"

나는 듣지 않고 바깥에 오가는 인파를 보고 있었다. 풋볼 복장이 많은 걸 보니 일요일인 그날의 중요한 경기가 떠올랐다. 댈러스 카우보이스 팀이 플레이오프에 진출하려면 이 시합에 꼭 이겨야 했다. 그 생각을 하는 순간 머릿속에 내 일정표가 그려졌다. '시합 전에 집에 들어갈 수 있을까? 주전부리는 있나? 바비큐 감자 칩을 먹으면서 경기를 보면 참 좋은데. 아예 지금 당장 먹고

싶군. 이 백화점에 어디 파는 데 없나?'

"맥스." 아득히 멀리서 나는 소리였다.

"맥스." 익숙한 목소리였다.

"맥스!" 그제야 나는 현실로 돌아왔다(감자 칩은 끝내 구하지 못했다).

고개를 돌리니 데날린이 나를 보고 있었다. 판매원도 나를 보고 있었다. 왠지 사방의 모든 여성이 나만 쳐다보는 것 같았다. 그때부터 힌트가 겨울철 다설 지역의 눈발처럼 쏟아져 내렸다.

데날린이 나에게: 다음 달이면 크리스마스예요, 맥스.

판매원: 물건은 아무 때나 찾아 가져도 됩니다. 루케이도 선생님.

데날린이 판매원에게: 제품 번호가 뭐였죠?

판매원이 데날린에게: 251호입니다.

데날린이 나에게: 내가 적어 둘게요. 나와 결혼한 사람이 선물을 사는 데 혹시 도움이 될지도 모르니까요.

판매원이 나에게: 저희 매장은 밤 9시에 닫습니다.

데날린이 나에게: 9시에 닫는대요.

나는 그저 고개를 끄덕이며 씩 웃었다. 솔직히 말해서 나는 옆에서 그렇게 판을 다 깔아 주어야 한다. 삶의 모든 결정이 이렇게 쉽다면야 얼마나 좋으랴. 내가 한 일이라고는 주의를 기울인 것뿐이다.

그 여관 주인도 그랬다면 오죽 좋았을까. 그러면 그는 아기 예수의 출생을 목격했을 것이다. 나사렛에서 온 부부에게 자리만 마련해 주면 되는데, 그는 그러지 않았다. 그 바람에 성경에 이런 안타까운 대목이 들어 있다.

거기 있을 그때에 해산할 날이 차서 첫아들을 낳아 강보로 싸서 구유에 뉘었으니 이는 여관에 있을 곳이 없음이러라(눅 2:6-7).

이 본문에 생략된 부분이 참 많다. 여관 주인이나 그 여관이나 이때의 시각에 대해 전혀 알 길이 없다. 분명한 것은 그가 그들을 받아들이지 않았다는 것이다. 빈방이 없었다. 한산하던 베들레헴이 인구 조사 때문에 북새통으로 변했다. 여관은 만실을 넘어 골방까지 꽉 찼다. 주인은 침대만 아니라 간이침대에까지 손님을 받았고, 통로에도 이부자리와 접이식 침대를 늘어놓았다. 그야말로 초만원이었다.

하지만 솔직히 자리 하나쯤 더 낼 수도 있지 않았을까? 마리아는 산달을 앞둔 임신부였다. 당신이라면 예비 엄마에게 침상 하나도 마련해 주지 못하겠는가? 물론 방도를 찾아낼 것이다. 그래서 나는 이런 의문이 든다. 예수님의 부모가 퇴짜를 맞은 데는 혹시 다른 이유도 있었을까?

어쩌면 문을 두드린 시각이 자정이었는지도 모른다. 이미 마지막 촛불이 꺼졌고 설거지도 다 끝났다. 들리는 소리라고는 벽난로의 숯이 파열하는 소리와 길손들이 잠들어 코를 고는 소리뿐이었다. 내다보는 여관 주인도 잠옷 차림이었다. 그는 문을 빼꼼히 열고 어둠 속을 응시하며 요셉에게 말했다. "너무 늦었소. 이미 다들 잠자리에 들었소. 일찍 왔더라면 방이 있었거나 내가 어떻게 해 보았겠지만, 지금 때가 몇 시요? 미안하오."

게다가 마리아가 임신부라는 사실이 문제가 될 수도 있었다. 진통 중에 비명이라도 질러 다른 손님들을 깨우면 어찌할 것인가? 아기는 또 어떤가? 아기들은 시끄럽고 산만하게 마련이다. 여기는 숙박 시설이지 산부인과 병동이 아니다.

요컨대 때가 너무 늦었을 수 있다.

그것도 아니라면 이 부부가 너무 평민이었거나.

그들은 투박한 촌사람이고 서민이었다. 마리아와 요셉이 왕비와 왕이었다면 여관 주인의 반응은 달랐을 것이다. 그들이 옷가지 몇 개와 지친 나귀 한 마리 대신 낙타 떼와 하인들을 거느리고 예사롭지 않게 행차했다면, 여관 주인의 응대도 예사롭지 않았을 것이다. 그런데 나팔 소리도 없고 전령의 포고도 없었다. 도착을 알리는 수행원도 없이 그저 문을 두드렸을 뿐이다.

문을 두드린 사람이……

평민 부부인데……

시간은 늦었고……

여관은 만원이었다.

그래서 여관 주인은 기회를 놓쳤다.

여관 주인은 기회를 놓쳤다. 지금도 많은 사람이 기회를 놓친다.

지금도 많은 사람이 기회를 놓친다. 그들은 문을 열 기회를 놓친다. 예수님의 탄생을 그냥 지나쳐 버린다. 베들레헴의 기적은 지금도 벌어지고 있다. 하나님이 우리의 삶이라는 작은 마을에 들어와 우리에게 말씀하신다. 성경 말씀과 저녁노을과 친구의 친절한 행위와 진단서의 경고를 통해 말씀하신다. 그분은 크리스마스 캐럴을 통해 우리에게 노래하시고, 크리스마스 설교를 통해 우리를 부르시며, 크리스마스 이야기를 통해 우리에게 다가오신다.

"볼지어다, 내가 문 밖에 서서 두드리노니 누구든지 내 음성을 듣고 문을 열면 내가 그에게로 들어가 그와 더불어 먹고 그는 나와 더불어 먹으리라"(계 3:20). 예수님이 우리를 초대하신다.

내 친구가 파푸아 뉴기니의 여러 교회에서 사역하는데, 그곳 문화에서는 문을 두드리지 않는 경우가 많다. 그들은 문간에 서서 정중하게 기침하여 자신의 존재를 알린다. 그래서 성경 번역가들이 예수께서 문을 두드리신다는 개념을 설명하려 해도 현지인들에게 가 닿지 않았다. 문화 차이에서 온 이 문제를 해결하고자 선교사들은 그 구절을 이렇게 옮겼다. "내가 문 밖에 서서 기침하노니……."

예수님이 헛기침을 하시든 문을 두드리시든 요지는 똑같다. 그분은 온유하시고 정중하시다. 절대로 억지로 밀고 들어오지 않으신다. 그런데 우리가 손을 내밀어 문을 열려고 하면 하필 그때 아기가 울거나 전화가 걸려 오거나 타이머가 울린다. 디지털 일정표의 경보음이 우리에게 시험공부를 하거나 병원에 전화를 걸거나 빨래를 하거나 잔디를 깎을 때가 되었다고 알려 준다.

삶은 이래저래 바쁘다. 당신의 삶도 그렇다. 정말이
지 이미 할 일이 너무 많아 감당이 안 될 정도다. 예수
님도 아신다. 그래서 그분은 이것저것 많은 일을 당신
에게 시키시는 게 아니라 자신이 이미 이루셨고 앞으로
해 주실 일을 알려 주신다. 당신의 죽음은 어떤가? 그분
이 정복하셨다. 당신의 죄는 어떤가? 그분이 용서하셨
다. 당신의 두려움은 어떤가? 그분이 용기를 주신다. 당
신의 의문은 어떤가? 그분이 인도해 주신다.

예수님은 짐을 덜어 주시는 분이지 얹어 주시는 분
이 아니다.

> 그분은 이것저것 많은 일을 당신에게 시키시는 게 아니라
> 자신이 이미 이루셨고 앞으로 해 주실 일을 알려 주신다.
> 예수님은 짐을 덜어 주시는 분이지 얹어 주시는 분이 아니다.

당신은 "하지만 너무 늦었다"라고 말할지 모른다.
아니, 그렇지 않다. 그리스도께 너무 늦은 때란 없다.

당신은 결코 너무 늦었거나 너무 엉망이거나 너무
지쳐 있지 않다. 엘리야는 우울한데도 하나님이 그에게
오셨다. 아브라함은 늙었는데도 하나님이 그를 인도하

셨다. 모세는 은퇴한 지 오래인데도 하나님이 그를 부르셨다. 요나는 도망갔는데도 하나님이 그를 쓰셨다. 야곱은 가족을 속였는데도 하나님이 그의 자리를 마련해 주셨다. 베드로는 그리스도를 배반했고, 사울은 그리스도를 박해했고, 도마는 그리스도를 의심했다. 그러나 셋 다 깨달았듯이 그리스도께 너무 늦은 때란 없다.

> 그리스도께 나아와 도움을 받기에 너무 늦은 때란 없다.

며칠 전에 나는 어느 죽어 가는 사람의 병상에 호출되었다. 그는 80세의 악당이었다. 생의 마지막 10년을 남아도는 시간과 돈으로 여색을 밝히며 보냈으니 악당이 맞다! 그의 편력 앞에서는 「플레이보이」지의 창업자 휴 헤프너도 무색해질 지경이었다. 그런데 건강이 나빠지면서 점차 그의 양심이 깨어났다. 삶을 정리하라는 의사의 말에 그는 나를 불렀다. 하나님과의 관계를 바르게 하고 싶다고 했다. 그는 임종의 자리에서 신앙을 고백했다.

나도 하나 고백해도 될까? 병실을 떠날 때 스크루지 영감처럼 얼굴이 찡그려지면서 이런 생각이 들었다. '이건 너무 쉽잖아. 저런 사람은 낙원에 가기 전에 연옥

에서 실컷 고생 좀 해야 되는데.'

하지만 하나님은 내게 지원자를 심사하라고 하지 않으셨다. 잘 가르쳐 주라고 하셨을 뿐이다. 그의 고백이 진심일진대 지금 내 악당 친구는 하나님의 크신 은혜로 천국에서 바울과 베드로와 다윗 왕이 걷는 길을 똑같이 걷고 있을 것이다. 각기 모습만 다를 뿐 그들도 다 악당이기는 마찬가지였다.

그리스도께 나아와 도움을 받기에 너무 늦은 때란 없다. 당신의 죄가 아무리 쌓였어도 결코 너무 높지 않고, 당신의 실패가 아무리 줄을 이었어도 결코 너무 길지 않다. 당신의 마음 문을 두드리는 그 소리는 무엇일까? 바로 예수님이 두드리시는 소리다.

배우자의 메시지야 혹시 놓칠 수 있다 해도 하나님의 메시지를 놓치는 것은 전혀 다른 문제다. 이 과오만은 당신도 범하고 싶지 않을 것이다.

당신은 문을 열기만 하면 된다.

예배는 기적을 낳는다

친애하는 아내들에게

당신들의 선의야 우리도 알고 있소. 어련히 알아서 한다는 당신들의 생각도 아오. 하지만 참는 데도 한도가 있는 법이오. 우리는 침묵 속에 고통당한 지 너무 오래되었소. 서로 고통을 나눈 우리는 이에 남편들로서 그간 숨어 있던 데서 나와 본심을 털어놓는 바이오. 올해 당신들이 우리에게 줄 크리스마스 선물을 구입할 때는 부디 필수품을 사지 마시오.

우리의 냄새와 꾸밈새가 더 나아져야 한다는 것은 우리도 알고 있소. 따뜻한 잠옷과 새 속옷 차림의 우리를 당신들이 좋아한다는 것도 아오. 하지만 그런 선물을 뜯을 때면 무슨 말을 해야 할지 막막하오. 실내용 슬리퍼에 어떻게 열광하는 척합니까? 코털 면도기를 들고 어떻게 행복해 보일 수 있나요? 우리의 거짓말은 지금까지로 족하오. 크리스마스 날 아침에 정직성을 지키기 위해서라도 다음과 같이 지침을 제시하겠소. 선물을 고를 때 이렇게 자문해 보시오. "남편이 가지고 놀 수 있는 것인가? 휘두르거나 튀기거나 밀어넣거나 던지거나 굴리는 스포츠 용품인가? 방아쇠나 손잡이나 잡아당기는 줄이나 수동 변속기가 달린 장비류인가? 기름을 먹는 차나 사료를 먹는 개인가? 대형 화면과 리모컨이 있는가?" 답이 긍정이라면 그걸로 사시오. 남편한테 이미 있는 물건이라도 상관없소. 지금은 실속을 따질 때가 아니오.

남성 의류를 생각한다면 이렇게 자문하시오. "갈색과 녹색이고 방수인가?" 그런 옷이라면 무조건 성공입니다. 많은 여성이 선호하는 쇼핑 장소에 유독 총포상만 쏙 빠져 있음을 알기에 이 질문도 제시하겠소. "이 옷을 입으면 남편이 귀여워 보일까, 아니면 매력남으로 보일까?" 귀여워 보일 옷이라면 당장 내려놓으시고, 매력남으로 보일 옷이라면 두 벌을 사시오.

이도 저도 다 여의치 않거든 이 질문이 남아 있소. "남편이 먹을 수 있는 것인가?" 주의할 점은, 질문이 "나라면 이것을 먹겠는가?"라든지 "남들도 먹는가?"라든지 "원래 먹는 음식인가?" 따위가 아니라는 것이오. 그런 시시한 데 신경 쓰지 마시오. 질문은 "남편이 먹을 수 있는 것인가?"입니다. 답이 긍정이라면 무조건 안심해도 되오.

끝으로, 제안을 하나 하리다. 당신들이 우리가 원하는 것을 사 준다면 우리도 똑같이 해 주겠소. 자세한 내용은 밝힐 수 없지만 일단 이렇게만 말해 두리다. 진공청소기를 만드는 큰 회사에서 우리에게 단체 할인을 해 주겠다고 했소(그런데도 당신들은 우리가 자상하지 않은 줄로 안단 말이오).

우리에게 감사할 필요는 없소,

당신들의 남편들로부터

크리스마스와 선물, 이 둘은 늘 서로 짝을 이루었다. 그럴 만도 하다. 동방 박사들은 아기 예수께 황금과 유향과 몰약을 선물로 드렸다. 목자들은 예수께 시간과 믿음을 선물로 드렸다. 마리아는 예수께 자신의 자궁을 선물로 내어 드렸다. 헌물마다 다 실용적이어 보인다.

박사들의 보물은 예수님 일가족이 이집트로 피난할 때 노잣돈으로 쓰일 수 있었다. 목자들의 방문은 일가족을 외롭지 않게 해 주었다. 마리아의 자궁은 발육 중인 태아를 보호해 주었다. 그런데 약간 이상해 보일 수 있는 선물이 하나 있다.

천사들의 선물인 예배다.

홀연히 수많은 천군이 그 천사들과 함께 하나님을 찬송하여 이르되 "지극히 높은 곳에서는 하나님께 영광이요 땅에서는 하나님이 기뻐하신 사람들 중에 평화로다" 하니라.

천사들이 떠나 하늘로 올라가니 목자가 서로 말하되 "이제 베들레헴으로 가서 주께서 우리에게 알리신 바 이 이루어진 일을 보자" 하고(눅 2:13-15).

천사들은 밤과 창공을 빛과 음악으로 가득 채웠다. 그뿐이다. 그들은 예배했다. 더 유용한 일을 할 수도 있지 않았을까? 마리아는 침대가 아쉬웠고, 요셉으로서는 나사렛까지 천사들이 호송해 주었다면 유익했을 것이다. 아기 예수께도 요람이 필요했다.

명색이 천사인데 그 정도도 몰랐단 말인가?

실은 천사라서 일부러 그랬다. 누가 예수님을 그들보다 더 잘 알겠는가? 그분을 가장 잘 알기에 그들은 그분께 최고의 사랑을 드렸다. 그분을 따른 지 가장 오래된 그들이 그분께 예배를 선물로 드렸다. 찬양의 베개에 사랑을 실어 아기 예수께 베어 드렸다. 그날 밤에만 아니라 지금도 마찬가지다. 지금 이 순간에도 천국에는 다 함께 예배하는 소리가 우렁차게 울려 퍼진다. "그들이 밤낮 쉬지 않고 이르기를 '거룩하다, 거룩하다, 거룩하다……'"(계 4:8).

영어 단어 예배(worship)는 실제로 고어 weorthscipe가 변형된 것이다. "결국 예배란 합당한 가치를 대상에게 귀속시키는 행위다."[1]

당신의 마음을 하늘로 향하여 "주님은 합당하십니다"라고 고백할 때마다 예배가 이루어진다. 시간을 미리 떼어 기도하고, 라디오 채널을 찬양 음악으로 돌리고, 아침에 조깅할 때 성경 구절을 암송하고, 점심시간에 말씀을 묵상하면, 그것이 곧 예배다.

예배는 동네와 거실과 빈 들판에서 이루어진다. 물론 교회도 빼놓을 수 없다. 하나님의 백성이 단체로 모여 그분의 선하심을 공적으로 선포하면, 그것이 곧 예배다.

하나님은 천사를 본받을 사람들을 찾고 계신다. 즉 마음과 입을 열어 "지극히 높은 곳에서는 하나님께 영광이요"라고 선포할 사람들이다. "아버지께서는 자기에게 이렇게 예배하는 자들을 찾으시느니라"(요 4:23).

당신은 이렇게 생각할지 모른다. '내가 예배하지 않는다면?'

아니, 당신은 예배하게 되어 있다. 문제는 예배 여부가 아니라 예배 대상이다. 우리는 다 누군가나 무언가를 예배한다. 나도 한때는 자전거를 예배했다!

여덟 살 때 나는 부모님께 크리스마스 선물로 자전거를 사 달라고 했다. 그냥 자전거가 아니라 안장이 바나나 모양이고 핸들이 높이 달린 스윈 상표의 진홍색 자전거였다. 부모님은 사 주셨다! 자전거는 크리스마스 트리의 불빛을 듬뿍 받으며, 내게 어서 올라타 유년의 행복 속으로 질주하라고 손짓했다.

나는 핸들에 술을 달고 흙받이도 설치했다. 본체에 딱지도 붙여 바퀴살에 스칠 때마다 타다닥 소리가 나게 했다. 나는 멋쟁이였다. 제임스 딘 수준의 멋쟁이였다. 자전거와 나는 골목골목과 배수로와 흙길을 탐험했다. 나는 자전거를 사랑하다 못해 **예배했다**.

그러다 자전거를 망가뜨렸다. 도로의 연석을 들이

받아 본체가 찌그러졌다. 아빠와 둘이서 고쳐 보려 했으나 자전거가 예전 같지 않았다. 실망이었다. 내게 기쁨과 구원과 즐거움과 만족을 가져다줄 줄로 믿었던 자전거가 실격이었다.

당신은 어떤가? 당신에게 기쁨과 구원과 즐거움과 만족을 가져다줄 줄로 믿었던 그 직업도 실격이었다.

당신에게 기쁨과 구원과 즐거움과 만족을 가져다줄 줄로 믿었던 그 결혼도 실격이었다.

당신에게 기쁨과 구원과 즐거움과 만족을 가져다줄 줄로 믿었던 그 은퇴도 실격이었다.

당신에게 기쁨과 구원과 즐거움과 만족을 가져다줄 줄로 믿었던 그 교육도 실격이었다.

당신에게 기쁨과 구원과 즐거움과 만족을 가져다줄 줄로 믿었던 그 육체도 실격이었다.

당신이 열정을 쏟는 대상에 여태 **예배**라는 표현을 쓰지 않았을지 몰라도, 사실은 딱 맞는 단어다. 어떤 대상이나 활동에 의지하여 살맛과 의미를 얻으려 할 때마다 우리는 그것을 예배하는 것이다.

좋은 것을 궁극의 것으로 둔갑시키면 실망을 자초한다. 삶의 의미를 직업이나 관계에 의지한다면, 은퇴할 때가 되거나 관계가 끝나면 어떻게 되겠는가? 가짜신에는 섹스, 음식, 돈, 술, 성공, 영향력 등이 있다. 올바른 정황에서 정도껏 누리면 이 모두가 하나님이 주시는 놀라운 선물이다. 그러나 하나님의 대용품으로서는 형편없다. 이런 것을 예배하면 만족하다가 상심하고, 홀딱 빠졌다가 낙담하고, 황홀해 하다가 화가 난다.

좋은 것을 궁극의 것으로 둔갑시키면 실망을 자초한다.

하나님 중심의 예배는 우리를 가짜로부터, 즉 생전 약속을 지킬 줄 모르는 유사품 신으로부터 구해 준다. 예배가 영혼에 하는 일은 봄비가 목마른 대지에 하는 일과 같다. 예배는 우리를 흠뻑 적시고 우리 안에 스며들어 생명을 싹틔운다. 스트레스가 많은가? 우주를 호주머니에 넣고 바닷물을 점안기에 담으실 수 있는 하나님을 예배하라. 자신이 수치스러운가? 예수님을 예배하라. 그분의 사랑은 다함이 없다. 사별을 겪었는가? 목자 되신 그분께 마음을 열라. 그분은 슬픔의 골짜기를 지나는 당신을 인도해 주신다. 자신이 왜소하게 느껴지는가? 자애로우신 왕의 보좌 앞에 잠시만 있어도 스스로 못났다는 생각일랑 깨끗이 증발한다. 예배는 기적을 낳는다.

자신을 위해서라도 천사들처럼 하라. 세상에 오신

왕을 열렬히 환영하라.

말로 예배하라. "그러므로 우리는 예수로 말미암아 항상 찬송의 제사를 하나님께 드리자. 이는 그 이름을 증언하는 입술의 열매니라"(히 13:15).

1980년대 초반에 "항상 내 마음속에"라는 컨트리송이 유행했다.[2] 가수가 애인에게 하는 말이, 비록 자신의 감정을 말이나 행동으로 별로 표현하지 않지만 그녀가 항상 자기 마음속에 있다는 것이다. 작사가가 연애의 비법을 어디서 배웠는지는 몰라도 여자들에게 묻지 않은 것만은 분명하다. 여자치고 그런 변명을 받아 줄 애인은 없다. "당신은 내게 표현한 적이 없어요. 꽃을 건네거나 다정하게 말하거나 찬사를 발한 적도 없어요. 그런데도 내가 항상 당신 마음속에 있다고요? 퍽도 그러겠네요."

자신을 위해서라도 천사들처럼 하라.

세상에 오신 왕을 열렬히 환영하라.

그런 변명은 하나님도 믿지 않으신다. 그분은 우리의 애정 표현을 듣기를 원하신다. 마음에 가득한 것은 입으로 말하게 되어 있다.[3] 입이 침묵한다면 마음에 문제가 있는 것이다. 당신은 하나님을 사랑하는가? 그분께 알려 드리라. 고백하라! 큰 소리로, 공개적으로, 부끄럼 없이 하라. 축제 분위기로 환호하며 경축하라! "즐거운 소리로 하나님께 외칠지어다"(시 47:1). "온 땅이여, 하나님께 즐거운 소리를 낼지어다"(시 66:1).

존 웨슬리는 이렇게 썼다. "힘차게 찬송하라. 아주 당당해야 한다. 반쯤 죽었거나 반쯤 잠든 것처럼 노래하지 않도록 조심하라. 사탄의 노래를 부르던 때보다 지금 더 목소리에 자신 없어 하거나 누가 들을까 봐 부끄러워해서는 안 된다."[4]

사탄 이야기가 나왔으니 말이지만 그는 그리스도 중심의 예배를 견디지 못한다. 하나님과 달리 그는 전지(全知)하지 않다. 사탄은 당신의 생각을 읽을 수 없다. 따라서 그에게 타격을 입히려면 생각만으로는 안 되고 말로 표현해야 한다. 그러니 말하라! "마귀에게는 큰 소리로 '안 돼!' 하고 외치고, 마귀가 날뛰지 않는지 주시하십시오. 하나님께는 조용히 '예!' 하고 말씀드리십시오. 그러면 하나님께서 즉시 여러분 곁에 계실 것입니다"(약 4:7-8, 메시지). 당신의 도시가 사탄의 손아귀에서 벗어나기를 원하는가? 예배하라! 당신의 가정이 마귀로부터 놓여나기를 바라는가? 예배하라! 우리의 나라가 평화롭게 형통하기를 원하는가? 그렇다면 교회가 기쁨에

찬 찬송으로 사탄의 요새를 공략해야 한다. 말로 예배하라.

아울러 **공동체로 예배하라**. "수많은 천군이······ 하나님을 찬송하여 이르되······"(눅 2:13, 강조 추가). 그리스도의 존전에는 풍부한 합창이 제격이다. "예수님은 좋은데 교회는 싫다"라는 그리스도인은 어느 세대에나 있다. 그들은 여러 가지 이유로 교회에 나오지 않지만, 그 결과 막심한 손해를 자초한다. 개인 예배와 달리 공예배에서만 벌어지는 일이 있다. 예배당에서 당신이 내 얼굴을 보고 내가 당신의 합창 소리를 들을 때 우리는 서로를 세워 준다. 물론 회중 예배는 불완전하다. 음정이 틀릴 때도 많고 주의력도 산만한 편이다. 설교자는 말을 더듬고 반주자는 박자를 놓친다. 그래도 예배하자. 예배의 완벽성보다 진실성이 더 중요하다. "창의적으로 사랑을 권하고 도움의 손길을 펼치십시오. 어떤 이들처럼 함께 모여 예배하기를 피할 것이 아니라, 서로 격려하여 더욱 힘써 모이십시오. 중요한 그날이 다가오는 것을 볼수록 더욱 그리하십시오"(히 10:24-25, 메시지).

몸으로도 예배하라. 마음의 느낌을 몸으로 표현하라. 또한 역으로 몸으로 마음을 깨우라. "나의 손 드는 것이 저녁 제사 같이 되게 하소서"(시 141:2). "주의 인자하심이 생명보다 나으므로 내 입술이 주를 찬양할 것이라. 이러므로 나의 평생에 주를 송축하며 주의 이름으로 말미암아 나의 손을 들리이다"(시 63:3-4).

물론 예배의 외적 표현은 오용될 수 있다. 사람들은 과시하고 뽐낸다. 남에게 보이려고 예배한다. 그러나 오용 가능성 때문에 바람직한 사용까지 배격해서는 안 된다. 손을 들라. 손뼉을 치라. 무릎을 꿇으라. 고개를 숙이라. 얼굴을 바닥에 대고 엎드리라.

예배의 위력은 대단하다.

그날 그 군인들의 예배도 대단한 위력을 발휘했다. 1차 세계대전이 한창이던 1915년 크리스마스이브에 프랑스 북부의 라벙티 마을 부근에서 있었던 일이다. 폭탄 세례가 유럽 땅을 뒤흔들었고 병사들은 혹한에 뼛속까지 떨렸다. 독일군과 웨일스 보병 연대가 참호 속에서 서로 대치하고 있었다. 소년기를 벗어난 지 몇 년밖에 되지 않은 병사가 대부분이었다. 그들은 젊었고, 집이 그리웠고, 어서 사랑하는 이들과 함께 있고 싶었다. 지난 몇 달 동안 화력은 미친 듯이 마구 불을 뿜어냈다. 피로 물든 그 땅에 크리스마스는 아득히 멀어 보였다.

문득 야전의 독일군 쪽에서 웨일스의 크리스마스 찬송가를 독일어로 합창하는 소리가 들려왔다.

내 아기 평화의 단잠 자거라

밤새도록.

천사를 보내어 주 지키시리

밤새도록.

스르르 졸음에 겨워

산과 골 고이 잠들 때

잠깨어 지키리 나 사랑으로

밤새도록.[5]

양쪽 군인들이 다 무기를 내려놓았다. 한순간 전쟁
이 멎었다. 그 순간 적군은 없고 노래만 있었다. 그다음
에 벌어진 일은 가히 기적이라 할 수밖에 없다. 모두가
캐럴을 부르며 밤을 보낸 것이다. 새벽녘에는 군인들이
정감에 겨워 담대해져서, 참호에서 나와 적과 인사를 나
누었다. "안녕, 토미"와 "안녕, 프리츠" 같은 인사말을 외
치면서 그들은 대치 중인 중간 지대에서 악수하고 선물
을 교환했다. 한쪽에서는 독일 맥주와 소시지와 뿔처럼
뾰족한 철모를 건넸고, 반대쪽에서는 콘비프 통조림과
비스킷과 상의 단추를 주었다.

그러다 엉겁결에 시합이 벌어졌다. 축구 시합이었
다. 양쪽 다 무려 50여 명씩 뛰었으니 뒤죽박죽 오합지

졸이었다. 그렇게 반시간 가량 전쟁터가 축구장으로 변하면서 적군들과 함께 즐거운 시간을 보냈다.[6]

이 모두가 예배로 시작되었다.

또 다시 정전이 이루어져 병사들이 예배자로 바뀌기를 기도한다. 우리 모두 교만과 복수의 무기를 내려놓고, 이 땅에 평화와 은총을 주러 오신 그분께 마음을 합하여 감사하기를 기도한다.

때가 되면 그 평화가 임할 것이다. 분쟁은 영원한 합창에 밀려날 것이다. 그때까지 우리는 연습할 수 있다.

당신도 천사들이 드린 선물을 예수님께 드리라.

바로 찬양의 선물이다.

당신도 천사들이 드린 선물을 예수님께 드리라. 바로 찬양의 선물이다. 은혜의 예복을 입고 믿음의 날개로 솟아올라 천국의 합창단에 끼어 이렇게 노래하라. "지극히 높은 곳에서는 하나님께 영광이요."

인도하시는 하나님

명절은 대이동의 시기다. 동방 박사들이 봇짐을 꾸려 베들레헴으로 향한 이래로 사람들은 예수님이 출생하신 때만 되면 길을 떠났다. 우리 가족의 크리스마스 여행도 그 박사들의 여행과 비슷한 데가 많다. 우리야 낙타와 함께 노숙하지는 않지만, 고령으로 낙타 무릎처럼 된 양가 어른들을 화장실에 가다가 마주치곤 한다. 또 별빛을 살피지는 않지만, 커브를 돌 때마다 고속도로 순찰대의 경광등 불빛이 없는지 두리번거린다. 또 비단길의 짐마차를 타지는 않지만, 네 아이와 함께 미니밴으로 여섯 시간을 달리노라면 차라리 그 박사들이 낙타를 다행으로 여겼겠다 싶어진다.

　크리스마스지만 늘 호호호도 아니고 고속도로지만 늘 고속도 아니다. 차 안에 장시간 있다 보면 인간의 약함이 다 드러난다.

　아빠들은 도무지 쉬어 갈 줄을 모른다. 옛 조상의 모범에 귀를 기울일 뿐이다. 서부 개척자들이 밤에 홀리데이 인에 투숙하던가? 탐험가 루이스와 클라크가 길을 묻던가? 요셉이 베들레헴 가는 길에 마리아에게 기념품 가게를 슬슬 둘러보게 하던가? 천만의 말이다. 남자들은 마치 최단 기간에 최장 거리를 달리는 게 자신의 성경적 사명인 양 차를 몬다. 주유할 때만 잠깐 설 뿐이다.

　아이들은 어떤가? 자동차 여행이 아이들에게 하는 일은 보름달이 늑대 인간에게 하는 일과 같다. 한 아이가 "이 노래 좋다"라고 말하면 다른 아이가 "정말 괜찮은데!"라고 답할 법도 하다. 하지만 그럴 일은 없다. 대신 다른 아이는 이렇게 되받는다. "그 노래 썩었네, 너처럼."

　청소년의 방광 활동도 문제다. 집에서는 몇 주씩 화장실을 가지 않고도 멀쩡하던 아이가 여행만 떠났다 하면 워싱턴 정가에서 비밀이 새어 나오듯 오줌이 줄줄 새기 시작한다. 우리 집 딸들은 언젠가 콜로라도에 가는 길에 뉴멕시코주의 화장실이라는 화장실은 전부 들러야 했다.

그나마 동승자가 어린아이라면 여기 최고의 조언이 있다. 그들이 아직 십대가 아닌 것에 감사하라. 십대 아이는 부모가 말하고 생각하고 입고 먹고 노래하는 거라면 무조건 창피해 한다. 그러니 웨이터에게 미소도 짓지 말고, 숨도 쉬지 말고, 창문을 내리고든 올리고든 노래도 부르지 말라. 그게 아이를 위하는 길이다(장차 손주를 보고 싶은 마음이 조금이라도 있다면 더 말할 것도 없다).

자녀와의 여행은 자녀가 더 철들 때까지 미루는 게 좋다. 자녀 나이 마흔두 살 때쯤이면 가능하리라.

크리스마스와 여행은 불가분의 관계다. 크리스마스는 기어이 여행으로 이어진다. 먼 나라의 대표단이 와서 아기 예수를 찾던 그때로부터 지금까지 늘 그랬다.

> 헤롯 왕 때에 예수께서 유대 베들레헴에서 나시매 동방으로부터 박사들이 예루살렘에 이르러 말하되 "유대인의 왕으로 나신 이가 어디 계시냐?"(마 2:1-2).

마태는 동방 박사들을 아주 좋아해서 예수님이 태어나신 이야기보다 그들의 이야기에 지면을 더 할애했다. 목자나 구유를 언급하지 않은 그가 별과 구도자들만은 우리에게 꼭 보여 주려 했다. 이유야 쉽게 알 수 있다. 그들의 이야기가 곧 우리의 이야기이기 때문이다. 우리도 다 길손이고 나그네다. 예수님을 만나려면 우리도 다 길을 물어야 한다. 하나님이 길을 보여 주신다. 어떻게 보여 주시는지 박사들의 이야기에 나와 있다.

> 예수님을 만나려면 우리도 다 길을 물어야 한다.
> 하나님이 길을 보여 주신다.

"우리가 동방에서 그의 별을 보고 그에게 경배하러 왔노라" 하니(2절).

하나님은 자연계를 통해 우리의 주목을 *끄*신다. 최초의 선교회는 이 땅과 별들이 결성했다. "하늘이 하나님의 영광을 선포하고"(시 19:1). 바울도 이렇게 썼다. "하나님이 실재하신다는 것은 너무도 분명한 근본 사실입니다. 그저 눈을 떠 보기만 해도 보이지 않습니까! 하나님이 창조하신 것을 찬찬히 그리고 유심히 바라보았던 사람들은 언제나, 그 눈으로 볼 수 없는 것—이를테면, 그분의 영원한 능력이나 신성의 신비—을 볼 수 있었습니다"(롬 1:19-20, 메시지).

하나님은 별을 통해 동방 박사들을 예루살렘으로 인도하셨다. 그러나 그들을 예수께로 인도하실 때는 다른 방법을 쓰셨다.

헤롯 왕과 온 예루살렘이 듣고 소동한지라. 왕이 모든 대제사장과 백성의 서기관들을 모아 "그리스도가 어디서 나겠느냐" 물으니 이르되 "유대 베들레헴이오니 이는 선지자로 이렇게 기록된바

'또 유대 땅 베들레헴아,

너는 유대 고을 중에서 가장 작지 아니하도다.

네게서 한 다스리는 자가 나와서

내 백성 이스라엘의 목자가 되리라' 하였음이니이다"(마 2:3-6).

박사들을 예루살렘으로 인도하는 데는 별이라는 표적으로 충분했다. 그러나 그들을 예수께로 인도하는 데는 성경 말씀이 필요했다.

사람들은 하나님을 가리켜 보이는 표적을 날마다 보고 있다. 저녁노을을 보노라면 숨이 멎을 듯하고, 신생아의 모습은 눈물겹고, 이주하는 기러기 떼는 미소를

자아낸다. 그러나 표적을 보는 사람마다 다 하나님께 가까이 나아올까? 그렇지 않다. 그냥 표적을 보는 것으로 만족하는 사람이 많다. 그들은 하나님의 풍요로운 자연이 우리를 그분께로 돌이키기 위한 것임을 모른다. "혹 네가 하나님의 인자하심이 너를 인도하여 회개하게 하심을 알지 못하"느냐(롬 2:4).

그러나 동방 박사들은 표적의 취지를 알았다.

그들은 별을 따라 예루살렘에까지 왔고, 거기서 성경 말씀을 들었다. 그리스도를 찾아야 할 곳이 어디인지는 성경에 예언되어 있었다. 흥미롭게도 별이 다시 나타난 것은 그들이 예언의 내용을 알게 된 이후였다. "그 별이 문득…… 아기 있는 곳 **위에** 머물러 서 있는지라"(마 2:9, 강조 추가).[1] 마치 표적과 말씀이 협력하여 박사들을 예수께로 데려온 것 같다. 기적의 메시지든 기록된 메시지든 하나님의 모든 메시지의 궁극 목적은 예수님께 하늘의 빛을 비추는 데 있다.

집에 들어가 아기와 그의 어머니 마리아가 함께 있는 것을 보고 엎드려 아기께 경배하고 보배 합을 열어 황금과 유향과 몰약을 예물로 드리니라(11절).

여기 최초의 그리스도인 예배자들을 보라. 누추한 처소가 예배당으로 바뀌었다. 그리스도를 찾던 그들은 그분을 만나 그분 앞에 무릎을 꿇었다. 그분께 선물을 드렸다. 왕이신 그분께 황금을, 제사장이신 그분께 유향을, 그리고 장차 무덤에 장사되실 그분께 몰약을 드렸다.

그들이 그리스도를 만날 수 있었던 것은 표적에 주목하고 성경 말씀을 믿었기 때문이다.

> 기적의 메시지든 기록된 메시지든 하나님의 모든 메시지의 궁극 목적은 예수님께 하늘의 빛을 비추는 데 있다.

율법 학자인 서기관들이 구유 앞에 없는 것이 오히려 눈에 띈다. 그들은 헤롯에게 메시아가 태어날 곳이 베들레헴이라고 보고한 이들이다. 그들도 예언을 읽지 않았던가? 물론이다. 하지만 반응하지는 않았다. 최소한 박사들을 따라 베들레헴에 갔을 만도 하다. 가까운 마을인데다 큰 위험이 따르는 일도 아니었다. 기껏해야 약간 수고하는 정도일 테고, 잘하면 예언의 성취를 목격할 수도 있었다. 그런데도 그들과 제사장들은 전혀 관심이 없었다.

동방 박사들은 관심을 보였기에 박사라는 별명을 얻었다. 그들은 하나님의 선물로 오신 분께 마음이 열려 있었고, 그리하여 영원히 달라졌다. 아기 예수를 경배한 후에 그들은 "다른 길로 고국에 돌아"갔다(12절). 마태는 같은 단어 **길**을 다른 본문들에는 삶의 방향이라는 의미로 사용하여, 좁은 길(7:13-14)과 "의의 도"(21:32)를 말했다. 마태의 말인즉 박사들이 귀국할 때는 완전히 딴 사람이 되어 있었다는 뜻인지도 모른다.

그들은 표적의 부름과 성경의 가르침을 받았고, 집에 돌아갈 때는 하나님의 지시하심을 받았다.

마치 온 하늘이 협력하여 그들을 인도한 것 같다.

하나님은 가능한 모든 수단을 동원하여 당신과 소통하려 하신다. 자연의 경이가 당신을 부른다. 성경의 약속과 예언이 당신에게 말한다. 하나님 자신도 당신에게 다가오신다. 그분은 당신이 집으로 돌아가는 길을 찾도록 도우려 하신다.

오래 전에 나는 영화 〈눈물겨운 기적〉의 텔레비전 각색물을 시청했다. 불굴의 의지를 가진 두 여인 헬렌 켈러와 앤 설리번의 감동적인 이야기다. 1880년에 태어난 헬렌은 두 살도 되기 전에 병으로 시각과 청각과 언어 능력을 모두 잃었다. 헬렌이 일곱 살 때 젊은 교사 앤이 헬렌의 가정교사로 일하려고 앨라배마주에 있는 켈러가의 집을 찾아왔다. 앤도 일부 시각 장애가 있었다.

헬렌의 오빠 제임스가 그만두라며 앤을 말리려 했으나 교사는 그럴 생각이 없었다. 오히려 시각과 청각의 세상에서 어엿하게 살아가도록 헬렌을 도우려는 결의에 차 있었다. 헬렌의 고집도 교사 못지않았다. 무섭고 외로운 세상에 갇혀 있던 그녀는 앤의 시도를 오해했다. 결과는 두 의지의 대결이었다. 앤이 수없이 헬렌의 손바닥에 점자를 그렸으나 헬렌은 뒤로 내뺐다. 앤이 끈질길수록 헬렌도 강하게 맞섰다.

마침내 극적인 순간에 돌파구가 열렸다. 우물 펌프 곁에서 열띤 공방이 오가던 중에 앤은 쏟아져 나오는 물에 헬렌의 한 손을 가져다 댔다. 그리고 다른 손바닥에 천천히 물이라고 썼다. 같은 글자를 몇 번이고 쓰고 또 썼다. 헬렌이 뒤로 내빼는데도 앤은 계속 점자로 물을 표기했다.

갑자기 헬렌이 동작을 멈췄다. 그러더니 자신의 손으로 교사의 손바닥에 물이라고 받아썼다. 희색이 만면해진 앤은 헬렌의 손을 들어 자신의 뺨에 대고는 힘껏 고개를 끄덕였다. "그래, 그래, 그래! 물이야." 헬렌은 다시 물이라고 또박또박 썼다. 그때부터 헬렌은 교사의 손

을 잡고 마당을 빙빙 돌면서 땅, 현관, 펌프 같은 단어까지 점자로 그려 냈다. 승리의 행진이었다.[2]

크리스마스는 우리에게 주어진 그와 같은 순간을 경축하는 날이다. 하나님도 돌파구를 열고 우리의 세상에 오셨다. 하필이면 여물통에 오셨다. 그분은 우리를 어둠 속에 그냥 두지 않으시고 추적하시는 교사시다. 삶다운 삶을 놓치고 있는 우리를 방관하지 않으신다. 그래서 우리 곁으로 오셨다. 그분도 신호를 보내신다. 바로 희망과 사랑의 메시지다. 그분은 이 세상의 외피에 균열을 내시고, 그 틈으로 그분의 세상을 바라보도록 우리를 초대하신다. 길을 찾고자 정말 그 틈새로 올려다보는 영혼이 가끔씩 있다.

그분은 우리를 어둠 속에 그냥 두지 않으시고 추적하시는 교사시다.
삶다운 삶을 놓치고 있는 우리를 방관하지 않으신다.
그래서 우리의 세상에 오셨다.

당신도 그들 중 하나이기를 바란다.
하나님이 당신에게 표적을 보내 주시거든 거기에 충실하라. 그 표적에 이끌려 성경 말씀에까지 가라.
길을 보여 주는 성경 말씀 앞에 겸손하라. 거기에

이끌려 예배에 이르라.

그 아들을 예배하면서 감사하라. 그분이 당신을 집으로 인도해 주실 것이다. 혹시 아는가? 어쩌면 우리는 남자들이 길을 묻지 않는 이유를 예수님이 재림하시기 전에 알게 될지도 모른다. 그때부터는 인생의 또 다른 불가사의를 추적할 수 있으리라. 여자들은 왜 운전 중에 화장을 할까 하는.

이 문제는 물론 나보다 똑똑한 이들이 풀 수 있으리라.

겸손은 빛을 발한다

크리스마스 드라마의 출연진은 대부분 우리에게 신앙으로 감동을 끼친다.

마리아는 용기가 대단했다.

요셉은 순종했다.

목자들은 얼른 가서 자원하여 예배했다.

동방 박사들은 멀리서 찾아와 아낌없이 드렸다.

베들레헴 드라마의 등장인물은 대부분 영웅처럼 행동했다. 그런데 악당 역할을 자임한 사람이 하나 있었다.

이에 헤롯이 가만히 박사들을 불러 별이 나타난 때를

자세히 묻고 베들레헴으로 보내며 이르되 "가서 아기에 대하여 자세히 알아보고 찾거든 내게 고하여 나도 가서 그에게 경배하게 하라."……

이에 헤롯이 박사들에게 속은 줄 알고 심히 노하여 사람을 보내어 베들레헴과 그 모든 지경 안에 있는 사내아이를 박사들에게 자세히 알아본 그때를 기준하여 두 살부터 그 아래로 다 죽이니 이에 선지자 예레미야를 통하여 말씀하신바

"라마에서 슬퍼하며
크게 통곡하는 소리가 들리니
라헬이 그 자식을 위하여 애곡하는 것이라.
그가 자식이 없으므로
위로 받기를 거절하였도다"

함이 이루어졌느니라(마 2:7-8, 16-18).

헤롯과 박사들은 같은 장에 등장하지만 마음은 서로 딴판이었다. 박사들은 예수님을 보려고 먼 거리를 여행해 왔으나 헤롯은 자신이 살던 도시조차 벗어나지 않았다. 박사들은 보배를 드려 아기 예수를 높였으나 헤롯은 그분을 죽이려 했다. 박사들은 예수님을 보았으나 헤롯은 자기밖에 볼 줄 몰랐다. 그 결과 그의 부고에는 "예

수 그리스도를 배척한 최초의 인물"이라는 오명이 영구히 남았다.

19세기 영국의 학자 딘 파라는 헤롯 왕을 이렇게 혹평했다. "그의 재위 기간은 온통 살육의 피로 붉게 물들었다.…… 그는 교살과 화형과 능지처참과 암살로 사람을 죽였고, 차마 입에 담지 못할 고문으로 자백을 강요했으며, 오만하고 비인간적인 정욕의 행위를 일삼았다.…… 그의 생전에 살아남은 자들은 숨진 자들보다 오히려 더 비참했다."[1]

헤롯은 자기 아들도 셋이나 죽였다. 카이사르 아우구스투스가 "헤롯의 아들보다 헤롯의 돼지가 차라리 낫다"라고 말했을 정도다.[2] 이 왕은 어쩌다 그렇게 됐을까? 왜 그런 난폭한 짓을 자행했을까?

교만 때문이었다. 헤롯은 자신이 잘났다는 생각에 사로잡혀 있었다. 거만해서 눈이 멀어 그리스도를 보지 못했다. 박사들이 "유대인의 왕으로 나신 이가 어디 계시냐?"(마 2:2)라고 묻는 순간 헤롯의 자존심이 위태로워졌다.

그래서 그는 "소동"했다(3절). '유대인의 왕이라니? 그건 내 직함이고 내 지위인데!' 헤롯은 관심을 보이는 척하며 성전 제사장들과 학자들에게 메시아가 태어날 곳을 물었다. 답을 듣고는 박사들에게 "가서 아기에 대하여 자세히 알아보고 찾거든 내게 고하여 나도 가서 그에게 경배하게 하라"(8절)라고 말했다.

차마 "왕에 대하여"라고는 못하고 그저 "아기에 대하여" 알아보라는 말에 그쳤다. 세 시간 거리니 본인이 직접 가 본다거나, 하다못해 왕궁의 신하 하나를 보낼 정도의 성의조차 그에게는 없었다. 그래서 아기를 찾는 일일랑 별을 관측하는 이들에게 미루어 버렸다. 박사들은 아기를 만났으나 꿈에 다른 길로 돌아가라는 경고를 받았으므로 귀국길에 헤롯을 따돌렸다. 그 사실을 안 이 과대망상증 환자는 노발대발 피에 굶주려 결국 베들레헴 학살을 자행했다.

헛간에 비쳐드는 똑같은 햇살에 새는 노래하고 쥐는 달아나듯이, 똑같은 메시지에 박사들은 예배하고 왕은 격노했다. 그 별빛과 성경 말씀이 메시아를 예언하는 것임을 헤롯도 알 만큼 알았다. 그러나 그는 이 지식을 영아 살해에 썼다. 믿음이 곧 순종은 아니다. 교만해지면 올바른 선택이 우리의 시야에서 가려진다. 진리를 알아도 마찬가지다. 사랑이 맹목이라지만 교만은 더 맹목이다.

헤롯의 교만은 남에게 해를 입혔다.

늘 그렇지 않던가?

잘못을 사과하면 잘난 체하는 태도가 수그러든다. 상대를 칭찬하면 교만이 죽는다. 그러나 무조건 내 방식대로 돼야 한다는 고집불통은 많은 사람의 마음에 상처를 입힌다.

내가 오만하면 남이 다친다.

저번에 나는 널따란 공터에 버려진 흙이 제법 높이 쌓여 있는 곳에서 노는 아이들을 보았다. 아이들은 유년의 유희 중 압권인 '왕 놀이'를 하고 있었다. 규칙은 간단하면서도 잔인하다. 일단 싸워서 꼭대기에 올라간 뒤 아무도 그 자리를 넘보지 못하게 밀어내야 한다. 다들 기어오르고 밀치고 떨어지느라 난리법석이었다.

왕 놀이는 유년의 유희로 끝나지 않는다. 모양만 다를 뿐 모든 기숙사와 교실과 회의실과 침실에서도 똑같은 일이 벌어진다. 꼭대기는 좁기 때문에 누군가는 밀려나게 되어 있다. 당신이 왕이 되려면 남이 고생해야 함을 명심하라. 당신의 고자세 때문에 베들레헴 학살 같은 일이야 일어나지 않겠지만, 부부 관계가 깨지고 친구가 멀어지고 부서가 갈라질 수 있다.

교만의 대가는 혹독하다.

그 대가를 치르지 말라. 사도 바울의 조언을 귀담아

들으라. "(자신에 대하여) 마땅히 생각할 그 이상의 생각을 품지 말고"(롬 12:3).

체스터턴은 이렇게 썼다. "당신의 자아가 작아질수록 삶은 얼마나 더 커지겠는가. 당신은 늘 초라한 자작 대본이나 공연하는 좁은 싸구려 극장에서 벗어나, 어느새 더 자유로운 하늘 아래에 서 있을 것이다."[3]

얼마 전에 나는 어떤 근사한 상을 받는 영예를 누렸다. 한 친구가 그 소식을 듣고 말했다. "맥스, 자네가 이런 일로 자만해지지 않을 만큼 겸손하니까 하나님이 그 영광도 주신 걸세." 얼마나 따뜻한 말인가! 그 말을 생각할수록 기분이 좋아졌다. 생각할수록 수긍이 갔다. 내가 그 정도로 겸손하다는 생각에 온종일 기분이 붕 떠올랐다. 내 겸손이 자랑스러웠다. 저녁에 데날린에게 친구의 말을 전하려는데 그제야 깨달음이 왔다. 나는 겸손을 자랑하려 했던 것이다!

자신이 겸손하다고 생각하는 순간 겸손하지 못한 것이다.

그래도 겸손해지려 힘쓰라.

성경에 누누이 반복되는 메시지는 하나님이 겸손한 마음을 사랑하신다는 것이다. 예수님은 "나는 마음이 온유하고 겸손하니"(마 11:29)라고 말씀하셨다. "여호와께서는 높이 계셔도 낮은 자를 굽어살피시며"(시 138:6).
하나님은 "내가…… 마음이 겸손한 자와 함께 있나니"
(사 57:15)라고 하시며, 또 "무릇 마음이 가난하고 심령
에 통회하는…… 그 사람은 내가 돌보려니와"(사 66:2)
라고 말씀하신다.

겸손한 사람에게 하나님은 온갖 귀한 보배를 베푸
신다.

존귀를 주신다. "겸손은 존귀의 길잡이니라"(잠
15:33).

지혜를 주신다. "겸손한 자에게는 지혜가 있느니라"
(잠 11:2).

인도해 주신다. "겸손한 자에게 그의 도를 가르치시
리로다"(시 25:9, NRSV).

무엇보다도 중요하게 은혜를 주신다. "하나님은……
겸손한 자들에게는 은혜를 주시느니라"(벧전 5:5).

이런 확신도 주신다. "겸손한 자를 구원으로 아름답
게 하심이로다"(시 149:4).

겸손한 사람에게 하나님은 온갖 귀한 보배를 베푸신다.

하나님은 겸손을 사랑하시며, 똑같은 이유로 교만

을 미워하신다. 교만을 싫어하거나 못마땅해 하시는 정도가 아니라 미워하신다.

"나는 교만과 거만을…… 미워하느니라"(잠 8:13).

"무릇 마음이 교만한 자를 여호와께서 미워하시나니"(잠 16:5).

하나님은 "아무 일에든지…… 허영으로 하지 말"라 하시며(빌 2:3), 또 "오만한 말을 너희의 입에서 내지 말지어다"(삼상 2:3)라고 말씀하신다. 겸손한 자들에게 은혜를 주시듯이 "하나님은 교만한 자를 대적하"신다(벧전 5:5). 겸손이 존귀의 길잡이이듯이 "교만은 패망의 선봉"이다(잠 16:18).

당신의 실적에 대한 생각을 줄이고 그리스도의 위업을 더 많이 생각하라. 당신의 왕좌에서 보내는 시간을 줄이고 그분의 십자가 밑에 더 오래 있으라. 당신의 행위가 아니라 그분이 이루신 일을 자랑하라. 당신은 귀하지만 가장 귀한 존재는 아니다. 우리가 아니라 그리스도가 중요하다.

헤롯의 안타까운 삶에서 교훈을 배우라. 좌대에서 끌어내려지기보다 자진해서 내려오는 게 언제나 더 낫다. 여관 주인처럼 헤롯도 예수님을 볼 기회를 놓쳤다. 하나님은 헤롯의 주의를 끄는 데 필요한 일이라면 다

하셨다. 동방의 사자들과 구약의 메시지를 보내셨다. 창공의 기적과 성경 말씀을 보내셨다. 하늘의 증언과 선지자들의 가르침을 보내셨다. 그러나 헤롯은 듣지 않았다. 그리스도보다 자신의 시시한 왕조를 택했다.

그는 비참하게 늙어 죽었다.

당신의 실적에 대한 생각을 줄이고
그리스도의 위업을 더 많이 생각하라.
당신의 행위가 아니라 그분이 이루신 일을 자랑하라.

"백성이 자신을 얼마나 싫어하는지를 알기에 그는 누이 살로메와 그 남편 알렉사스에게 명하여 자신이 죽는 순간 경마장에서 모든 지도자를 죽이게 했다. 축제 대신 전국적 애도를 유발하기 위해서였다."⁴ 학살 명령은 시행되지 않았다. 마지막 명령도 그의 생애만큼이나 공허하고 헛되었다.

당신의 선택은 더 지혜로워야 한다. 교만의 길은 당신을 벼랑으로 데려가 추락시킨다. 겸손의 길은 당신을 메시아의 구유 앞으로 인도한다.

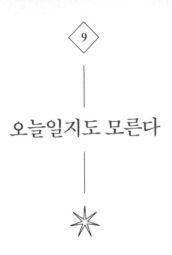

오늘일지도 모른다

크리스마스는 잘 살펴야 하는 시즌이다.

날씨가 춥다면 눈이 오는지를,

　당신의 남자가 약간 둔하다면 겨우살이나무를,

　조립이 필요한 제품이라면 설명서를

　잘 살펴야 한다.

젊은 사람은 콧등에 붙이는 빨간색 장식등을,

　할머니는 이마에 두르는 야간용 꼬마전구를,

　설교자는 번쩍이는 통찰을 찾아야 한다.

　　　크리스마스는 잘 살펴야 하는 시즌이다.

첫 크리스마스 때도 "살피는 사람들"이 유독 돋보

였다. 요셉은 숙소를 찾아다녔다. 마리아는 아기 예수의 해맑은 얼굴을 들여다보았다. 수많은 천사는 왕을 지켜보았다. 동방 박사들은 별을 살폈다. 그러나 경륜이 풍부한 시므온이라는 성도보다 더 열심히 살핀 사람은 없었다.

예루살렘에 시므온이라 하는 사람이 있으니 이 사람은 의롭고 경건하여 이스라엘의 위로를 기다리는 자라. 성령이 그 위에 계시더라. 그가 주의 그리스도를 보기 전에는 죽지 아니하리라 하는 성령의 지시를 받았더니 성령의 감동으로 성전에 들어가매 마침 부모가 율법의 관례대로 행하고자 하여 그 아기 예수를 데리고 오는지라. 시므온이 아기를 안고 하나님을 찬송하여 이르되

"주재여, 이제는 말씀하신 대로
　　종을 평안히 놓아 주시는도다.
　내 눈이 주의 구원을 보았사오니
　　이는 만민 앞에 예비하신 것이요
　이방을 비추는 빛이요
　　주의 백성 이스라엘의 영광이니이다"
하니(눅 2:25-32).

시므온은 요셉과 마리아처럼 예수님의 출생을 목격하지도 못했고, 동방 박사들처럼 베들레헴의 아기를 방문하지도 않았다. 그가 그분을 처음 볼 즈음에는 마구간은 동물들의 독차지였고 구유에는 건초밖에 없었다. 마리아와 요셉은 이미 수면을 보충했고, 목자들은 양떼 곁으로 돌아가 있었다.

40일이 흘렀다. 이 기간을 확실히 알 수 있음은 유대교의 율법 덕분이다. 율법에 따르면 아기를 낳은 산모는 의식(儀式)상 부정해졌다.[1] 남자 아기는 8일째에 할례를 받았고, 그로부터 33일이 더 지나면 부모가 속죄제를 드렸다(레 12:1-8).

일종의 헌아식(baby dedication)이었다.

시므온은 바로 이 헌아식 때에 아기 예수를 보았다.

아마 그는 백발에 흰 수염을 나부끼는 노인이었을 것이다. 세월이 가면서 살갗에 주름살이 패이고 걸음이 느려지고 등이 굽어졌다. 그는 "하나님이 이스라엘의 슬픔을 제하여 주실" 날을 기다렸다(눅 2:25, NCV). 그날은 그 백성의 소외를 끝내고 그들을 그분 자신과 화목하게 하실 날이었다.

시므온은 그날이 자기 생전에 임할 것을 알았다. "그가 주의 그리스도를 보기 전에는 죽지 아니하리라

하는 성령의 지시를 받았더니"(26절).

성령께서 시므온에게 어떻게 알려 주셨을까? 꿈이나 환상으로 보이셨을까? 아니면 성경 말씀으로 계시하셨을까? 그거야 알 수 없지만 시므온이 앞날을 고대하며 살았던 것만은 분명하다.

여러 해 전에 나는 그리스도의 재림에 대해 설교하면서 "오늘일지도 모른다"(Perhaps Today)라는 두 단어를 종이에 인쇄하여 전 교인에게 나눠 준 적이 있다. 최근에 한 교인의 집에 갔더니 그 종이가 액자에 끼워져 눈에 잘 띄는 위치에 걸려 있었다.

시므온도 그 종이가 있었다면 벽에 걸어 두었을 것이다. 그는 "오늘일지도 모른다"라는 마음가짐으로 살아갔다. 자신이 하늘에서 성부 하나님을 뵙기 전에 이 땅에서 메시아를 볼 것을 그는 알았다. 예수께서 태어나신 지 40일째에 드디어 그날이 왔다. "[시므온이] 성령의 감동으로 성전에 들어가매"(27절).

그에게 다른 계획이 있었을 수도 있다. 어쩌면 집에서 쉬거나 손주들을 보러 가려던 참이었는지도 모른다. 텃밭에 물을 주거나 개를 산책시켜야 했는지도 모른다. 그런데 감화가 왔다. 확실한 징후였다. 그래서 그는 '성전에 나가 봐야겠구나'라고 마음먹었다.

시므온은 구불구불 좁은 골목과 자갈이 깔린 길을 지나 마침내 성전 뜰에 들어섰다. 그동안 성전 계단을 수없이 올랐는데도, 헤롯의 이 웅대한 건축물을 보며 필시 가슴이 뭉클했을 것이다. 거대한 돌과 황금빛 지붕에다 주랑도 수려했다.[2] 절기가 아닌데도 거리마다 예배자와 순례자로 넘쳐났다. 그런데 그 거대한 인파 속에서도 시므온은 용케 요셉과 마리아를 찾아냈다.

아무도 이 젊은 부부를 눈여겨볼 이유가 없었다. 그들이 당도했다고 천사들이 꽃가루를 뿌리거나 나팔을 불지도 않았다. 아기 예수는 꽃방석이나 꽃마차를 타지 않았고, 원광을 두르거나 빛을 발하거나 영기(靈氣)를 뿜어내지도 않았다. 그저 까르륵 소리를 내다가 젖을 빨며 잠들었을 뿐이다.

게다가 행인마다 더 중요한 임무가 있었다. 사람들이 성전에까지 먼 길을 오는 이유는 딱 하나였으니 곧 하나님을 만나는 것이었다. 아직 어리고 순박한 나사렛 여인의 품에 그분이 안겨 계시리라고는 아무도 상상하지 못했다.

그런데 시므온만은 예외였다. 이 부부를 본 그의 입에서 "오늘일지도 모른다"라는 혼잣말이 새어 나왔다. 그는 순례자들에게 양해를 구해 가며 잰걸음으로 성전

뜰을 가로질러 요셉을 따라잡았다. "실례 좀 하겠소"라는 그의 말에 나사렛 부부는 걸음을 멈추고 돌아보았다.

마리아는 이제 배는 부르지 않고 얼굴이 동그스름했다. 아직 어린 시골 여자답게 마냥 앳되어 보였다. 요셉은 노동자의 꺼끌꺼끌한 겉옷 차림이었다. 1년 전이었다면 그는 이런 돌발 사태가 거추장스러워 외면했을 것이다. 그러나 지난 몇 달 동안 뜻밖의 일이 줄을 이었다. 천사들이 말을 걸고 예배하는가 하면 목자들도 다녀갔다. 아내는 그와 동침하기도 전에 아기부터 낳았다. 요셉은 예상 밖의 일을 예상하는 법을 배우고 있었다. 그래서 고개를 기울이고 시므온의 말을 기다렸다.

시므온은 아기 쪽으로 손을 뻗으며 "안아 봐도 되겠소?"라고 말했다.

노인을 감화하신 성령이 젊은이에게도 똑같이 감화하셨다. 요셉이 고개를 끄덕이자 마리아가 아기 예수를 시므온에게 건넸다. 그러자 그는 "아기를 안고 하나님을 찬송하여 이르되 '주재여, 이제는 말씀하신 대로 종을 평안히 놓아 주시는도다. 내 눈이 주의 구원을 보았사오니 이는 만민 앞에 예비하신 것이요……'"라고 말했다(28-31절).

시므온의 고백은 훗날 라틴어의 첫 두 단어를 따서

"눈크 디미티스"(이제는 놓아주시는도다)로 불리게 된다.[3] "이제는"은 특정 순간의 도래를 알리는 시간 용어다. "이제는 갈 수 있다." "이제는 먹어도 된다." "이제는 시작할 때다." 시므온이 보기에 예수님이 오신 일은 "이제는"의 순간이요 새 시대의 첫날이었다. 이제는 모든 것이 달라졌다. "이스라엘의 위로"가 시작되었다. 베들레헴 헛간 문의 돌쩌귀를 따라 역사의 문이 활짝 열렸다. 삶의 저자께서 책장을 넘겨 새 장의 집필에 착수하셨다.

시므온은 새 장의 제목을 몰랐으나 우리는 안다. 성경은 이 시기를 "말세"라 칭한다. 바울은 "말세에 고통하는 때가 이르러"라고 말했고(딤후 3:1), 베드로도 우리에게 "말세에" 일어날 일을 알아야 한다고 촉구했다(벧후 3:3). 히브리서 저자는 "이 모든 날 마지막에는 아들을 통하여 우리에게 말씀하셨으니"(히 1:2)라고 썼다.

우리는 예수님의 초림과 재림 사이에 살고 있다.

재림 때에 그리스도는 갑자기, 직접, 눈에 보이게, 몸으로 오실 것이다. 그분은 "내가 다시 와서"라고 약속하셨다(요 14:3). 히브리서 저자는 그리스도께서 "구원에 이르게 하기 위하여 죄와 상관없이 자기를 바라는 자들에게 두 번째 나타나시리라"라고 선포했다(히 9:28).

처음에 오셨듯이, 그리스도는 다시 오신다. 그러나

처음에 오신 **것처럼** 오시지는 않는다.

그분은 베들레헴에는 조용히 오셨지만, 재림 때는 영광 중에 호령하며 오신다. "무덤 속에 있는 자가 다 그의 음성을 들을 때가 오나니…… 부활로 나오리라"(요 5:28-29).

> 베들레헴에서는 요셉이 아기 예수를 구유에 뉘었지만,
>
> 재림 때는 예수님이 보좌에 앉으신다.

베들레헴에서는 갓난아기로 잠드셨지만, 다시 오실 때는 "주께서 호령과 천사장의 소리와 하나님의 나팔 소리로 친히 하늘로부터 강림하"신다(살전 4:16).

처음 오실 때는 그분께 주목한 사람이 별로 없었지만, 다시 오실 때는 그분이 "모든 민족을 그 앞에 모으"신다(마 25:32).

베들레헴에서는 요셉이 아기 예수를 구유에 뉘었지만, 재림 때는 예수님이 보좌에 앉으신다. "인자가 자기 영광으로 모든 천사와 함께 올 때에 자기 영광의 보좌에 앉으리니"(마 25:31).

"우리는 그의 약속대로 의가 있는 곳인 새 하늘과 새 땅을 바라보도다"(벧후 3:13). 역사는 끝없이 연속되

는 무의미한 순환이 아니라 절정의 사건으로 치닫는 직선의 흐름이다. 하나님께 시간표가 있으며, 베들레헴으로 인해 우리는 지금이 어느 시기인지를 안다. 사도 요한이 말했듯이 "지금은 마지막 때"다(요일 2:18). 우리는 초림의 열매를 누리면서 재림의 영광을 고대한다. 현세가 인간 실존의 총합이라는 말을 우리는 믿지 않는다. 우리가 경축하는 초림은 재림에 대한 입맛을 돋우어 준다. 우리는 다시 오실 주님을 사모한다.

> 하나님께 시간표가 있으며,
> 베들레헴으로 인해 우리는 지금이 어느 시기인지를 안다.

나는 텍사스주 서부의 유전에서 이런 사모함에 대한 은유를 하나 배웠다. 우리 아버지의 생각에 크리스마스가 낀 겨울 방학은 아들이 돈벌이를 해 볼 수 있는 기회였다. 누구든지 삭풍을 견디며 땅을 파기만 하면 돈을 벌 수 있었다. 그래서 십대 시절에 나도 12월의 많은 날을 이첩기 분지의 광활한 평원에서 보냈다.

일과는 단순했다. 공사 감독이 트럭에 인부를 한가득 싣고 문명의 가장자리로 가서, 우리에게 이미 중장비로 파낸 도랑을 보여 주었다. 도랑의 깊이는 2미터쯤 되었다. 그 안에 송유관을 묻으려면 먼저 돌멩이와 흙을 마저 퍼내야 했다. 그는 "일들 하고 계시면 제가 데리러 오겠습니다"라고 말하고는 트럭을 몰고 가 버렸다.

차라리 치아의 신경 치료가 더 유쾌하리라. 평원에는 바람막이가 전혀 없어 12월의 삭풍에 뼛속까지 시려 온다. 반경 수십 킬로미터 내에 인가도 없어 아득한 영원이 시야에 잡힐 듯하다. 뭐든 눈에 보이기라도 하면 좋으련만! 땅 파는 것 말고는 할 일이 없어 우리는 하루 종일 땅만 팠다. 오후 중반부터 슬슬 이런 생각이 들었다. '어쩌면 공사 감독이 오고 있을지도 몰라.'

네 시쯤 되자 허리가 말을 듣지 않았다. 우리는 도랑에서 고개를 들어 지평선 너머를 살피곤 했다. "그 사람이 보입니까?"

다섯 시에도 파다가 살피고 파다가 살피기를 반복했다.

해가 기울어 그러잖아도 차갑던 공기가 살을 엘 듯이 냉랭해지자 우리는 이런 말로 서로 격려하기 시작했다. "금방 올 겁니다." 우리를 기다리고 있을 저녁식사가 그리웠다. 따뜻한 집과 뜨거운 목욕물도 생각났다. 더는 기다리지 못하겠다 싶어졌을 때 지평선 너머로 낯익은 전조등이 위아래로 흔들리며 접근해 왔다. 누가 시키지 않아도 우리는 도랑에서 올라와 연장을 챙겼다.

감독이 도착했을 때는 모두 집에 갈 준비가 되어 있었다.

당신도 오랫동안 땅을 팠을지 모른다. 당신은 노동에 지쳤다. 도랑은 깊고 일은 끝도 없어 보인다. 상한 마음을 무겁게 안고 당신은 외로이 먼 길을 걸어왔다. 바람은 차고 세상은 평원만큼이나 황량해 보인다. 그래서 왕이 오시는지 보려고 지평선 너머를 살피곤 한다. 문득 의문이 든다. '정말 그분은 우리를 데리러 오시는 걸까?'

당신의 기다림은 거의 끝났다. 전체 역사가 1년에 불과하다면, 지금은 나뭇잎이 울긋불긋 물든 가을일 것이다.

전체 역사가 하루에 불과하다면, 이미 해가 지기 시작했을 것이다.

전체 역사가 1시간에 불과하다면, 시계의 분침이 거의 한 바퀴를 다 돌았을 것이다.

그분이 다시 오실 날짜와 시간을 안다고 주장하는 사람들도 있다. 나는 모른다. 그러나 분명히 성경은 그리스도의 재림을 가리켜 보이는 구체적 징후들을 잘 살필 것을 우리에게 촉구한다.

- 복음이 모든 민족에게 전파된다(마 24:14, 막 13:10).
- 환난의 날에 성도가 고난당하고 창조세계가 흔들린다(막 13:7-8,19-20).
- 하나님을 대적하는 적그리스도가 와서 많은 사람을 미혹한다(살후 2:1-10).
- 많은 유대인이 구원받는다(롬 11:12,25-26).
- 하늘에 각종 징조가 나타난다(막 13:24-25).
- 거짓 선지자들이 출현한다(막 13:22).

이상의 징후마다 이미 어느 정도는 성취되었다. 복음이 전 세계로 퍼졌다. 많은 그리스도인이 심한 박해를 겪고 있다. 세상이 세계적 악당들의 손에 수난을 당해 왔다. 많은 유대인이 구원받았다. 지구가 지진으로 진통을 겪고 있다. 그리고 교회가 거짓 선지자들 때문에 약해졌다.

물론 이 모든 징후는 더 성취될 것이다. 그러나 종말이 가까워진 것만은 분명하다. 아니, **시작이** 가까워졌다는 말이 더 맞으리라.

옛 선지 예언 응하여

베들레헴 성에

주 예수 탄생하시니

온 세상 구주라.

저 천사 기쁜 노래를

또 다시 부르니

온 세상 사는 사람들

다 화답하도다.

크리스마스는 잘 살펴야 하는 시즌이되, 다만 살필 대상이 빨간 옷의 산타클로스가 아니라 흰말을 타신 만왕의 왕이시다. 그분이 명하시면 바다는 죽은 자들을 내놓고, 마귀는 추적을 포기하고, 모든 왕과 여왕은 왕관을 벗고, 상한 심령은 절망에서 헤어나며, 하나님의 자녀는 예배를 올려 드린다. 시므온처럼 살피는 성도는 지혜롭다. 당신은 예수님이 내일 오실 것을 안다면 오늘 심정이 어떻겠는가? 준비되지 않아 불안하고 두렵겠는가? 그렇다면 그리스도를 신뢰함으로써 두려움을 물리칠 수 있다. 당신의 답변에 '행복, 안도, 설렘' 같은 단어가 들어 있다면 그 기쁨을 꼭 붙들라. 천국은 당신에게 닥쳐올 수 있는 모든 고난에 대한 하나님의 해답이다.

예수님이 내일 오실 것을 안다면 당신은 오늘 무엇을 하겠는가? 바로 그것을 하라! 굳이 계획을 변경할 필요가 없게끔 평소에 그렇게 살아가라.

앞서 4장에 말했듯이 어느 해 12월에 우리 집안에 슬픔이 닥쳤다. 우리 딸이 대림절 기간에 유산한 것이다. 그런데 이듬해에는 슬픔이 기쁨으로 바뀌었다. 딸의 임신 상태가 건강하다는 낭보가 크리스마스 즈음에 전해졌다. 어찌나 건강했던지 딸 제나가 우리 각자에게 숙제를 내 줄 정도였다. 마침 태아의 청력이 발달되던 시기였는지라 제나는 온 가족에게 부탁하여, 아직 태어나지 않은 딸에게 들려줄 메시지를 녹음하게 했다.

이런 기회를 마다할 사람이 누가 있으랴. 나도 조용한 구석으로 물러나 환영의 말을 녹음했다.

한없이 소중한 아가야. 너를 이 세상에 반기려니 이렇게 설렐 수가 없구나. 우리는 너를 기다리고 있단다. 네가 살 곳을 엄마 아빠가 마련해 놓았어. 할머니 할아버지와 이모와 삼촌도 다 네게 아낌없이 사랑을 베풀 준비가 되어 있지. 너의 놀라운 새 집도 보여 주고 시간 가는 줄 모르고 너를 사랑할 그날이 어서 왔으면 좋겠구나.

다 쓰고 나서야 이것이 우리를 향한 하나님의 초대

임을 깨달았다! 그분도 우리의 처소를 마련해 두셨다. 그분께도 우리를 사랑해 줄 대가족이 있고, 우리에게 보여 주실 반짝이는 새 세상이 있다. 혹시 아는가? 오늘이 우리의 기다림이 끝나는 '분만일'일 수도 있다.

10

왕관, 요람, 십자가

정체불명의 큼지막한 상자는 몇 주째 거실 구석에 놓여 있었다. 추수감사절 직후에 등장했는데, 거의 12월 내내 아무도 거기에 손을 대지 않았다. 높이가 내 키만 했으나 그게 별 단서는 못 되었다. 그때 나는 겨우 네 살이었다. 크리스마스트리 옆의 다른 상자들과 달리 그 상자는 번들거리는 포장지나 반짝이는 리본으로 싸여 있지 않았고, 주는 사람이든 받는 사람이든 이름도 적혀 있지 않았다. 그냥 테이프만 둘려 있었는데, 아주 칭칭 감았으니 망정이지 그렇지 않았다면 형과 내가 뜯었을 것이다. 우리는 그저 물어보는 수밖에 없었다.

엄마도 모르기는 마찬가지였고 그냥 심드렁한 눈치였다. "아빠가 크리스마스라고 뭔가를 가져왔겠지." 굳이 말하자면 엄마는 아빠가 크리스마스를 구실로 아빠 자신의 선물을 샀으려니 생각했다. 아빠는 낚싯배의 선체 밖에 탑재할 모터를 늘 원했었는데, 그럼 저 상자 속에 그게 들어 있단 말인가?

크리스마스 날 아침에 누나들은 선물을 뜯고 형과 나는 새 장난감을 가지고 뛰어다니며 노는데, 엄마가 여태 뜯지 않은 고릴라만 한 상자를 보며 말했다.

"잭, 저 큰 선물은 안 뜯어요?"

달빛을 타고 달로 걸어갈 수 없듯이 아빠도 더는 정색하지 못하고 씩 웃었다. 눈썹이 작은 무지개처럼 반원을 그리면서 엄마를 보는 눈빛이 산타클로스처럼 반짝였다. "그 선물은 내 것이 아니라 당신 것이라오."

형과 나는 동작을 멈추고 보았다. 아빠가 우리에게 눈을 찡긋해 보였다. 엄마를 보니 엄마는 아빠를 보고 있었다. 분명히 재미있는 일이 벌어질 참이었다. 엄마는 상자 쪽으로 다가갔고, 아빠는 8밀리미터 비디오카메라를 손에 들었다. 우리 남매들은 날쌔게 그쪽으로 달려갔다.

엄마는 아무런 특색도 없고 받는 사람 이름도 적혀

있지 않은 그 상자의 윗부분을 힘들여 뜯었다. 그런데 손을 넣어 꺼내 보니 화장지뿐이었다. 화장지만 한아름씩 계속 딸려 나왔다.

비범한 선물이 평범한 꾸러미에 담겨 배달될 수 있다.
베들레헴에 그런 선물이 있었다.

아빠가 키득키득 웃는 바람에 거기서부터 비디오 화면이 흔들린다. 나중에 그 비디오는 우리 가족이 보고 또 되감아 보는 애장품이 되었다. "계속 파 보구려, 델마." 카메라 뒤쪽에서 나는 아빠의 목소리다.

"뭐가 들어 있는데요?" 엄마는 그렇게 물으며 계속 화장지를 끄집어냈다. 결국 엄마는 횡재를 만난다. 상자 안에서 상자가 나왔다. 그 상자 속에 또 상자가 있고, 그 것을 여니 다시 상자였다. 두어 번 더 그러고 나자 마침내 가장 작은 상자가 나왔다. 반지 상자였다. 형과 나는 "열어 봐요, 엄마!"라고 외쳤다. 엄마는 카메라를 보며 미소를 지었다. "잭."

나는 새 반지에 담긴 로맨틱한 의미까지는 몰랐지만 한 가지 교훈을 배웠다. 비범한 선물이 평범한 꾸러미에 담겨 배달될 수 있다. 루케이도 집안에 그런 선물이 있었다.

베들레헴에도 그런 선물이 있었다.

하나님이 그렇게 오실 줄은 아무도 예상하지 못했다. 하지만 그분이 오셨다는 사실 못지않게 그 방식도 똑같이 중요하다. 구유 자체가 메시지다. 적어도 사도 바울은 그렇게 생각했다.

바울의 이름은 크리스마스에 관한 묵상에 별로 등장하지 않는다. 흔히 우리는 요셉과 마리아와 목자들과 동방 박사들을 생각할 뿐, 이 개심한 바리새인은 대개 논외로 친다. 하지만 바울을 빼놓아서는 안 된다. 베들레헴의 약속은 성경을 통틀어 그의 말에 가장 호소력 있게 약술되어 있다. 낮은 데로 오신 그리스도가 이제 높아지셔서 우리를 다스리신다.

너희 안에 이 마음을 품으라,
곧 그리스도 예수의 마음이니

그는 근본 하나님의 본체시나
　하나님과 동등됨을
　취할 것으로 여기지 아니하시고
오히려 자기를 비워

종의 형체를 가지사

　사람들과 같이 되셨고

사람의 모양으로 나타나사

　자기를 낮추시고

　죽기까지 복종하셨으니 곧 십자가에 죽으심이라.

이러므로 하나님이 그를 지극히 높여

　모든 이름 위에 뛰어난 이름을 주사

하늘에 있는 자들과 땅에 있는 자들과 땅 아래에 있는

자들로

　모든 무릎을 예수의 이름에 꿇게 하시고

모든 입으로 예수 그리스도를 주라 시인하여

　하나님 아버지께 영광을 돌리게 하셨느니라(빌 2:5-

11).

　사도는 크리스마스 설교를 작성한 게 아니다. 그의 목표는 훨씬 더 평범했다. 바울은 어느 교회를 상담하던 중이었다. 빌립보의 그리스도인들 사이에 다툼과 허영을 비롯해서 몇 가지 문제가 있었던 듯하다(2:3). 편지 후반부에서 그는 유오디아와 순두게라는 두 여성을 언급하는데, 그들은 사이가 좋지 않았다. 그래서 바울은 그들에게 "주 안에서 같은 마음을 품으라"라고 당부했다(4:2). 그가 이 교회에 겸손을 촉구한 덕분에 이 넉 장짜리 서신이 태어났다. 서신의 한가운데에 복음의 핵심이 나온다. 하나님의 신성한 개입이 여섯 구절에 압축되어 있다. 위의 글귀를 찬송가로 보는 학자들도 있는데, 만일 그렇다면 최초의 기독교 찬송가 중 하나인 셈이다. 다른 학자들은 이 인용구를 초대 교회에서 낭독하던 전례서로 본다. 그런가 하면 이 본문이 본래 시였다고 믿는 사람들도 있는데, 나도 이 의견이 마음에 든다. 바울이 대림절의 계관 시인이었다니 말이다. 찬송가든 전례서든 사도의 원작 시든, 이것만은 분명하다. 이 본문은 호소력이 있다.

예수님은 "근본 하나님의 본체"이시다. 베들레헴에 나시기 전부터 신성의 모든 이점과 특권이 그분께 있었다. 그분은 시공의 제약을 받지 않는 무한하신 분이다. "만물이 그로 말미암아 지은 바 되었으니 지은 것이 하나도 그가 없이는 된 것이 없느니라"(요 1:3).

모든 돌과 나무와 행성에 "제조자 예수"라는 도장이 찍혀야 한다. 소용돌이 은하도 그분의 작품인데, 이 은하에 속한 별만도 1천억 개가 넘는다.[1] 우리의 태양도 그분이 지으셨는데, 태양 안에 1백만 개 이상의 지구가 들어갈 수 있다.[2] 예수님이 빚으신 오리온자리의 초거성 베텔게우스를 지구가 속한 태양계의 중앙에 둔다면, 목성 궤도까지 뻗어 나갈 것이다.[3] 베텔게우스는 우리의 태양보다 1천 배가량 크다.[4] 예수님이 말씀하시자 별이 총총한 하늘이 생겨났다. 그분은 별을 하나하나 이름으로 부르시며, 베두인족이 천막을 걷듯이 하늘을 접으실 수 있다.

그런데 바울의 표제는 "창조주 그리스도가"가 아니라 "성육신하신 그리스도"다. 만물을 지으신 분이 "자기를 비"우셨다. 그리스도께서 친히 작아지셨다. 허파와 후두와 다리에 의존하셔야 했다. 배고픔과 목마름을 경험하셨다. 여느 인간의 발달 단계를 모두 거치셨다. 걷고 일어서고 세수하고 옷 입는 법을 배우셨다. 힘줄이 굵어졌고, 머리털이 자랐고, 사춘기 때는 목소리가 갈라졌다. 그분은 진정 인간이셨다.

그분이 "기뻐하"실 때(눅 10:21) 그 기쁨은 진정이었다. 예루살렘을 위해 우시던 눈물(눅 19:41)은 당신과 나의 눈물만큼이나 절절했다. "내가…… 얼마나 너희에게 참으리요"라고 반문하실 때(마 17:17) 그분의 좌절은 진솔했다. 십자가에서 "나의 하나님, 나의 하나님, 어찌하여 나를 버리셨나이까"(마 27:46)라고 외치실 때 그분께는 답이 필요했다. 그분은 아버지께서 계시해 주신 것만 아셨다(요 12:50). 아버지께서 알려 주신 게 아니면 예수님은 안다고 주장하지 않으셨다.

그분은 "종의 형체를 가지"셨다(빌 2:7). 우리를 섬기시려고 우리처럼 되셨다! 그분이 세상에 오신 목적은 우리의 충성을 요구하시기 위해서가 아니라 자신의 사랑을 표현하시기 위해서다.

> 그분이 세상에 오신 목적은 우리의 충성을 요구하시기 위해서가 아니라 자신의 사랑을 표현하시기 위해서다.

예수님은 하나님과의 동등됨을 자신이 "취할 것으로" 또는 "휘두를 것으로"(NRSV) 여기지 않으셨다. 그분은 권력을 휘두르지 않으셨고, 신성의 이점을 내려놓으셨다.

그분은 자신을 조롱하는 사람들을 돌로 만들어 버리지 않으셨다. 자신에게 침을 뱉는 군인들에게 침으로 되갚지 않으셨다. 자신을 보고 미쳤다고 하는 사람들을 쳐서 실명하게 하지 않으셨다. 오히려 반대로 "죽기까지 복종하셨으니 곧 십자가에 죽으"셨다(8절).

바울은 "곧 **십자가에 죽으심이라**"(강조 추가)라고 특별히 강조했다. 십자가형은 로마 제국의 가장 잔인한 처형 방법이었다. 대개 최하층 계급과 특히 노예에게 국한되었다. 강도 조절은 오직 처형자들의 도덕성에 달려 있었는데, 그들에게는 도덕성이라는 게 별로 없었다. 사형수는 고문과 채찍질을 당한 뒤 나무 기둥에 못 박혀 창에 찔렸다. 만인이 보도록 벌거벗은 피투성이 몸으로 매달려 있어야 했다. 악을 행하는 사람을 사회가 어떻게 취급하는지를 보여 주는 공개적 본보기였던 것이다.

아무리 말해도 지나치지 않거니와 바로 하나님이 십자가에서 그런 취급을 당하셨다. **하나님이** 못 박히셨다. **하나님이** 채찍에 맞으셨다. **하나님이** 수욕을 당하셨다. **하나님이** 창끝에 찔리셨다. **하나님이** 마지막 숨을 내쉬셨다.

예수님은 성육신의 사다리를 한 번에 한 칸씩 내려가셨다.

그분은 원래 하나님의 본체이셨다.

그런데 하나님과 동등됨을 취하지 않으셨다.

자기를 비우셨다.

종의 형체를 가지셨다.

죽기까지 복종하셨다.

곧 십자가에 죽으셨다.

내려가고 또 내려가셨다. 천국의 왕관에서 베들레헴의 요람을 거쳐 예루살렘의 십자가에까지 하강의 연속이었다.

그리스도는 자궁에 들어가신 것으로도 모자라 무덤에 묻히기까지 하셨다. 그러나 무덤이 그분을 잡아 둘 수는 없었다. 이제 바울의 시는 승리의 어조로 바뀐다. "이러므로 하나님이 그를 지극히 높여 모든 이름 위에 뛰어난 이름을 주사"(9절).

낮아지신 그분이 이제 높여지셨다. 내려가신 그분이 이제 높임을 받으셨다. 예수님이 승격되신 그 자리는 "지극히 높"다. 어떤 천사나 정치적 지위도 이보다 높지 못하다. 예수님의 지위가 모든 통치자와 정복자를 능가한다. 지금 이 순간에도 그분은 지극히 높은 자리에 계신다. 우주 유일의 진정한 왕좌에 앉아 계신다. 다른 모든 왕좌는 임시라서 덧없이 스러질 수밖에 없지만, 예수님의 왕좌만은 다르다. 하나님이 그분께 "모든 이름 위에 뛰어난 이름을 주"셨다(9절).

이름에는 위력이 있다. 엘리자베스 여왕이라는 존호가 공표되면 모두가 그쪽을 바라본다. 존 F. 케네디가 서명한 편지는 소중히 귀중품 상자에 보관된다. 나폴레옹과 카이사르와 알렉산드로스 대제의 이름은 사람들의 고개를 모두 그들 쪽으로 돌리게 했다. 그러나 영원히 만인을 무릎 꿇어 절하게 할 이름은 하나뿐이다. "하늘에 있는 자들과 땅에 있는 자들과 땅 아래에 있는 자들로 모든 무릎을 예수의 이름에 꿇게 하시고"(10절).

가난한 사람, 부자, 흑인, 황인, 정치가, 의사, 레드카펫을 밟는 슈퍼스타, 길모퉁이의 걸인 등 모든 사람이 장차 예수님 앞에 무릎을 꿇는다. 나아가 하나님은 "모든 입으로 예수 그리스도를 주라 시인하"게 하셨다(11절).

이 지구상에는 예수님의 이름을 조롱하는 사람들이 있다. 그들은 하나님이 이 땅에 오셨다는 개념을 비웃는다. 구주의 필요성을 부인하고, 그리스도를 믿는 사람을 무조건 비방한다. 그들은 자력으로 충분해서 독자적으로 자수성가하고 자립한 사람들이다. 그들에게 예수님 앞에 무릎을 꿇으라고 말해 보라. 당신을 비웃을 것이다. 그러나 그 웃음은 영원할 수 없다. 날이 이르면 그들도 그분의 존전에 절하게 된다. 스탈린과 헤롯도 그분의 이름을 고백하고, 특히 사탄까지도 그분의 이름을 고백할 것이다. "무릇 그에게 노하는 자는 부끄러움을 당하리라"(사 45:24).

통치자들이 하나씩 앞으로 나아와 예수님의 보좌

아래에 왕관을 내려놓을 것이다. 퓰리처상과 노벨상과 금메달도 거기에 쌓인다. 최우수 선수와 철학박사와 의학박사 등 모든 포상과 명예도 창조주 그리스도의 존전에서는 순식간에 초라해진다. 아무도 자랑하지 못한다. 역사 속의 모든 돈이 위조로 보이고 롤스로이스도 달구지로 보인다. 아무것도 중요하지 않고 그 누구도 중요하지 않다.

오직 예수님뿐이다.

그 큰 날에 당신은 예수 그리스도에 대한 똑같은 고백을 수십억의 목소리로 들을 것이다. 밀밭의 밀이 바람에 쓰러지듯 허다한 사람이 납작 엎드려 각자 예수님께 이렇게 아뢸 것이다. "주는 그리스도시요 살아 계신 하나님의 아들이시니이다"(마 16:16).

이 땅에서 그분을 예배했던 사람들에게는 그 고백이 즐겁겠지만, 그렇지 않았던 사람들은 그분을 고백하며 후회할 것이다. 그날에 믿는 자들은 유산을 받겠지만, 믿지 않는 자들은 영원히 그리스도와 분리될 것이다.

C. S. 루이스는 방송 중에 이렇게 말했다.

하나님은 언젠가는 쳐들어오신다.…… 그때는 세상

의 종말이다. 무대 위에 작가가 등장하면 연극은 끝난 것이다.…… 이번에는 하나님이 변장하지 **않고** 오시기 때문이다. 그 세계는 워낙 압도적이어서 사람에 따라 불가항력의 사랑 아니면 불가항력의 공포를 불러일으킨다. 그제야 어느 편인지를 **정하려면** 너무 늦다.…… 그때는 자신이 이미 어느 편을 선택했는지를 확인하는 순간이다.[5]

부언하자면 예수님은 이 땅에서 입으셨던 몸을 버리지 않으셨다. 베들레헴에서 시작된 성육신 상태는 지금 이 순간 천국에서도 지속된다. 그분은 승천하실 때 인간의 몸으로서 올라가셨다. 한번 인간이 되신 그분은 영원히 인간이시다. 육신을 입으신 하나님은 지금도 그대로시다!

> 당신을 위해 낮아지신 그분 앞에 당신도 낮아지라.

이것이 왜 중요한가? 우주를 주관하시는 분이 인간이시다. 물론 그분은 영화롭게 되셨고, 당연히 높임을 받으셨고, 어디까지나 온전히 신이시다. 그럼에도 인류의 제반사를 지휘하시는 손은 바로 나사렛에서 망치를

쥐셨던 그 손이다. 그 손 한가운데에 흉터가 있어 하나님의 영원한 사랑을 영원히 일깨워 준다.

그분 앞에 무릎을 꿇으라. 당신을 위해 낮아지신 그분 앞에 당신도 낮아지라.

생각해 보면, 이 모두가 시작된 곳은 가장 눈에 띄지 않는 자리인 베들레헴의 건초통이었다.

삐딱한 성질이여, 안녕

크리스마스트리를 고르는 시간이다. 가정마다 대형 몰 안에 들어가 통로를 따라 순회한다. 나뭇가지를 들추어 보고, 침엽을 살펴보고, 크기를 가늠해 본다. 요모조모 따져 가며 심사숙고하다 흥정을 벌인다.

트리는 너무 커도 안 되고 너무 작아도 안 된다. 실내 공간과 예산에 딱 맞아야 한다. 풍성하되 빽빽하지 않고, 충분히 자랐으되 바짝 말라 있지 않아야 한다. 전나무를 택하는 사람도 있고, 미송이나 이엽송이 좋다는 사람도 있다. 선호하는 종류는 달라도 바라는 바는 똑같으니 곧 최적의 크리스마스트리다.

마침내 그런 트리를 찾아내면 이 얼마나 특별한 순간인가. 차에 묶어서 실어 온 트리를 드디어 집 안으로 끌어들여 받침대에 세운다.

정말 환희의 순간이다. 그런데 미국 오픈 선수권 대회에서 우승했거나 철인 3종 경기를 완주했거나 로즈 장학금 수혜자로 선발된 사람도 소수에 불과하지만, 여태 크리스마스트리를 삐딱하지 않게 세운 사람은 그보다 더 적다.

우리는 1년 내내 준비한다. 기사를 읽고 세미나에 참석하고 의견을 교환하고 비결을 나눈다. 이 절기의 비극인 삐딱한 트리를 면해 보려는 일념하에 모두 하나가 된다.

어느 해엔가 나도 그 비극을 간신히 면한 적이 있다. 데날린과 함께 트리를 받침대에 세우고 뒤로 물러서서 보니, 한숨이 절로 나왔다. 우려한 대로 기울어져 있었던 것이다. 내가 나뭇가지 아래로 기어 들어가 나사를 조정하여 트리를 밀단처럼 똑바로 세웠다. 다시 물러선 우리는 이번에는 나의 공학 기술에 감탄했다. 데날린은 내게 팔짱을 끼었고, 나는 기쁨의 눈물을 삼켰고, 아이들은 나를 복되다 했다. 천사들이 노래를 불렀고, 이웃들이 앞마당에 모여 나팔을 불었다. 백악관에서 축하 전화가 걸려왔다. 우리는 꼬마전구를 두르고 장식물을 달았다. 놀라운 밤이었다.

그때 재난이 발생했다. 트리가 다시 기울어진 것이다. 장식물이 흔들리고 전구의 위치가 바뀌었다. 데날린이 비명을 질렀고, 나는 서둘러 구조에 나섰다.

이번에는 트리를 눕혀 놓고 받침대를 떼어 낸 뒤 문제의 근원을 살폈다. 절단선 위로 15센티미터 지점에서 나무가 오른쪽으로 휘어 있었다. 삐딱한 트리였던 것이다! 본래 숲속에서부터 기울어져 있었으니 지금 우리 집에서도 기울어질 수밖에 없었다. 그것도 백주 대낮에 우리 아이들 앞에서 말이다!

이제 어찌할 것인가? 차고에서 톱을 꺼내던 중 문득 이런 생각이 들었다. 이 문제를 상대한 아버지는 내가 처음이 아니다. 하나님도 끊임없이 이런 상황에 부닥치신다. 볼품없는 삐딱한 성질이라면 우리에게도 다 있을 만큼 있지 않은가?

내 경우는 분명히 그렇다. 지난 사흘만 보아도 안다.

- 나는 어느 교인에게 전화 심방하기를 피했다. 그의 말이 거의 매번 푸념 일색이기 때문이다. 전화기에 그의 번호가 뜨자 내 입에서 "또 귀가 따갑게 넋두

리를 듣고 싶지 않아"라는 탄식이 새어 나왔다. 그
런데 나는 목사다! 그의 목사들 중 하나다! 양떼를
사랑하고 먹이고 돌보아야 할 내가 이 양을 피했다.
(결국 전화했더니 그는 내 설교를 칭찬해 주었다.)

• 나는 어제 새벽 2시 반에 깨어 회의 결과를 곱씹었
다. 내가 동의하지 않은 특정 안건에 대한 표결에서
내 쪽이 소수로 나왔다. 화가 났다. 그래서 2시 반
부터 3시 반까지 반대쪽 사람 하나하나를 미련하
고 둔감하다고 정죄했다. 내 사고방식에서 독소가
뿜어져 나왔다.

• 마감일의 문제도 있다. 나는 날짜에 맞출 수 있을
까? 왜 그 날짜로 동의했던가? 출판사 쪽에서는 왜
마감일을 요구하는가? 나처럼 가냘픈 영혼이 창작
활동을 하려면 시간이 필요함을 그들은 모른단 말
인가?

삼나무처럼 곧다면 사뭇 좋으련만 나는 그렇지 못
하다. 그렇지 못하기에 삐딱한 크리스마스트리에 동병
상련을 느낀다. 당신도 그럴 것이다. 당신이 트리한테
하는 일을 하나님은 당신에게 하신다.

그분은 당신을 택하셨다.

당신은 무조건 맨 먼저 보이는 트리를 사는가? 물론 아니다. 딱 맞는 것을 고른다. 통로마다 다니며 몇 개를 들었다 놓기도 한다. 모든 각도에서 살펴본 뒤에야 '이게 딱 맞겠다'라고 결정을 내린다. 트리를 설치할 곳도 당신은 미리 생각해 두었다. 아무 트리나 가져와서는 안 된다.

하나님도 똑같이 하신다. 그분은 당신을 두셔야 할 곳을 정확히 아신다. 온기와 기쁨이 절실히 필요한 어떤 삭막한 거실이 그분께 있다. 세상의 어느 한 구석에 유채색이 필요하다. 바로 그곳을 염두에 두고 그분은 당신을 택하셨다.

다윗 왕이 썼던 말 그대로다. "주께서 내 내장을 지으시며 나의 모태에서 나를 만드셨나이다. 내가 주께 감사하옴은 나를 지으심이 심히 기묘하심이라. 주께서 하시는 일이 기이함을…… 나를 위하여 정한 날이 하루도 되기 전에 주의 책에 다 기록이 되었나이다"(시 139:13-14, 16).

하나님은 일부러 목적을 두고 당신을 지으셨다. 시기와 성격과 상황과 개성을 잘 짜 맞추어 세상의 바로 그 구석에 딱 맞는 사람으로 창조하셨다. 이어 값을 치르고 당신을 집으로 데려오셨다.

그분은 당신을 사셨다.

우리는 매장 주인에게 트리를 공짜로 달라고 하지 않는다. 지불은 차 트렁크에 트리를 싣는 자녀들 몫이 아니라 우리 몫이다. 꼭 필요한 돈을 우리가 낸다.

하나님도 똑같이 하셨다. "너희는…… 값으로 산 것이 되었으니"(고전 6:19-20).

하나님은 일부러 목적을 두고 당신을 지으셨다.

릭 워렌의 책에 보면, 주차장에 앉아 아내가 가게에서 나오기를 기다리는 일화가 나온다. 뒷좌석의 아기 의자에 있던 세 살배기 딸은 점점 답답해졌다. 릭은 잠깐만 기다리면 될 줄로 알고 딸을 꺼내 줄 생각을 못했다. 그러자 어린 딸이 창밖으로 고개를 내밀고 소리쳤다. "하나님, 제발! 여기서 좀 꺼내 주세요!"[1]

사노라면 우리도 다 그 딸의 심정일 때가 있지 않은가? 우리는 매여 있다. 뒷좌석이 아니라 죽어 가는 몸과 각종 나쁜 습관에 매여 있다. 녹록치 않은 세상에서 여태 내린 잘못된 선택의 결과를 당하고 있다. 우리도 도움이 필요하다.

그래서 우리는 지쳐 쓰러질 때까지 물건을 사들이

고, 생각이 끊길 때까지 술을 마시고, 멈출 수 없을 때까지 일을 한다. 자신의 망가진 모습을 머릿속에서 떨쳐낼 수만 있다면 무엇이든 한다. 그러나 깨어나 맨 정신으로 똑바로 앉으면, 자신이 여전히 매여 있음을 깨달을 뿐이다.

그래서 우리는 약을 먹고, 휴가를 떠나고, 치료사와 바텐더와 두목의 조언을 듣는다. 새 핸드백과 외제 차를 구입한다. 머리색을 바꾸고, 애인을 갈아치우고, 뱃살을 뺀다. 그래도 결국 엉망이기는 마찬가지다.

누군가 우리를 허무함과 비루함에서 구원해 주어야 한다. 누군가 길 잃은 우리를 찾아내 집으로 데려가야 한다. 요컨대, 우리에게는 구주가 필요하다. 크리스마스의 약속은 우리에게 구주가 있으며 그분의 이름이 예수라는 것이다.

이 땅에 사시는 동안 그분의 사명은 수색과 구조였다. 그분은 사마리아에 숨어 있던 한 여인을 구조하셨다. 이미 다섯 남편이 그녀를 간밤의 쓰레기처럼 버렸고, 여섯째 남자는 그녀와 결혼할 마음이 없었다. 그녀는 동네의 천덕꾸러기였다. 우물물을 길을 때도 사람들의 눈초리를 피해 한창 더운 시간에 다녔다. 그런 그녀를 그리스도께서 일부러 찾아가 도우셨다.[2]

그분은 동굴 속의 귀신들린 사람을 구조하셨다. 이 남자는 많은 귀신에 씌어 돌로 자신의 몸을 베며 자해를 일삼았다. 그런데 그리스도의 말씀 한 마디로 자해가 끝났다.[3]

그분은 여리고에서 왜소한 체구의 삭개오를 찾아내셨다. 이 세관원은 수많은 사람의 돈을 갈취해 은퇴 자금을 비축했다. 하지만 깨끗한 양심과 좋은 친구를 얻을 수만 있다면 전 재산이라도 내놓았을 것이다. 그런데 예수님과 함께 점심을 먹으면서 그는 둘 다를 얻었다.[4]

예수님은 3년 동안 쭉 그렇게 사역하시며 수많은 사람을 변화시키셨다. 죽은 자에게 명령하시는 이 목수 앞에 어떻게 반응해야 할지 아무도 잘 몰랐다. 병을 고쳐 주시는 그분의 손에는 옹이가 박혀 있었고, 신성한 목소리에는 특유의 억양이 있었다. 그분은 수시로 배에서 주무셨고 노정 중에 배가 고프셨다. 그럼에도 귀신들은 그분 앞에 벌벌 떨었고, 소외된 이들은 그분에게서 희망을 얻었다. 그런데 왕관을 쓰실 때가 되었다 싶었을 때 그분은 십자가에서 죽으셨다.

그리스도의 십자가가 왜 종종 나무라 불리는지는 우리도 모른다. 어쩌면 첫 십자가들이 실제로 나무였을 수 있다. 또는 십자가가 나무로 만들어지다 보니 이름이 그렇게 굳어졌을 수도 있다. 이유야 어쩌됐든 1세기의 작가들은 십자가를 나무라 칭할 때가 많았다. 베드로도 그 단어를 써서 이렇게 선포했다. "친히 나무에 달려 그 몸으로 우리 죄를 담당하셨으니"(벧전 2:24).

에덴 동산에는 선악을 알게 하는 나무가 있고 천국에는 생명나무가 있다. 그 중간의 어느 시점에 예루살렘 외곽에 희생제물의 나무가 세워졌다. 크리스마스트리가 선물을 나누는 아름다운 자리일진대, 민둥산 위의 험한 십자가야말로 가장 놀라운 크리스마스트리였음을 뉘라서 부인하겠는가. "하나님이 우리를 사랑하사 우리 죄를 속하기 위하여 화목 제물로 그 아들을 보내셨음이라"(요일 4:10). 예수님은 우리 죄를 대신 지셨다. 하나님에게서 떨어져 나온 우리의 반항을 덮어쓰셨다. 우리가 당해야 할 일을 그분이 당하셨다. 우리를 구원하시려고 친히 값을 치르셨다.

우리가 아직 연약할 때에…… 그리스도께서 경건하지

않은 자를 위하여 죽으셨도다(롬 5:6).

그리스도께서도 단번에 죄를 위하여 죽으사 의인으로
서 불의한 자를 대신하셨으니 이는 우리를 하나님 앞
으로 인도하려 하심이라(벧전 3:18).

당신을 사랑하셔서 구유에 오신 하나님이 이제 십
자가를 통해 당신을 구원하신다. 그렇다면 그분은 당신
을 그분의 집으로 데려가셨는가? 아직은 아니다. 그 전
에 당신이 할 일이 있다. 하나님은 자신의 소유로 사신
당신에게 그분이 무엇을 해 주실 수 있는지를 세상에
보여 주려 하신다.

> 당신을 사랑하셔서 구유에 오신 하나님이
> 이제 십자가를 통해 당신을 구원하신다.

그래서…… 당신에게 가지치기를 하신다.

하나님은 도끼와 전정가위로 당신의 편견과 자기연
민을 잘라내신다. 그분은 당신의 삐딱한 성품을 도려내
야 할 때는 고성능 톱을 꺼내시기로 유명하다. 예수님이
그렇게 말씀하셨다. "내 아버지는 농부라.…… 무릇 열

매를 맺는 가지는 더 열매를 맺게 하려 하여 가지치기로 그것을 깨끗하게 하시느니라"(요 15:1-2, NCV).

일단 그분이 우리를 똑바로 세우셨으면 이제 장식이 시작된다. 그분은 성령의 열매 곧 사랑과 희락과 화평과 오래 참음과 자비와 양선과 충성과 온유와 절제로 우리를 꾸며 주신다(갈 5:22-23). 왕관도 씌워 주신다. 대개 사람들은 크리스마스트리 꼭대기에 천사나 별을 왕관처럼 씌운다. 하나님은 둘 다를 사용하신다. 천사를 보내 우리를 보호하시고, 그분의 말씀으로 별처럼 우리를 인도하신다.

아울러 그분은 은혜로 우리를 두르신다. 그래서 우리는 하나님의 선물을 유통하는 보급소가 된다. 그분은 아무도 우리에게 왔다가 빈손으로 가는 사람이 없기를 바라신다. 사람들이 우리를 통해 받는 선물은 구원일 수도 있고, 친절한 말이나 선행처럼 더 작은 것일 수도 있다. 그러나 모두 하나님에게서 오는 선물이다.

우리가 할 일은 담대히 그분의 사랑 안에서 각자의 자리에 든든히 서서 선행의 빛을 발하는 것이다. 선하신 그분으로 충만해져서 누구를 대하든 아낌없이 베푸는 것이다.

우리가 크리스마스트리한테 하듯이 하나님도 당신과 나를 택하여 사셨고 가지치기를 하신다.

하나님이 하시는 대로 믿고 맡기라.

삐딱한 성질이 없어지면 당신은 훨씬 멋있어진다.

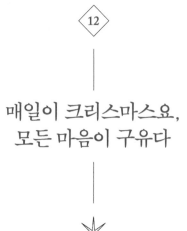

매일이 크리스마스요,
모든 마음이 구유다

할리우드라면 크리스마스 이야기의 배역을 바꿀 것이다. 요셉은 너무 블루칼라고 마리아는 미숙한 풋내기다. 커플의 관객 동원력이 상영작에 걸맞지 않는다. 너무 무명이고 너무 투박하다. 이 이야기에는 인기 배우가필요하다. 요셉은 사각턱에 조지 클루니 급은 되어야 하고, 마리아는 안젤리나 졸리처럼 애교점이 있고 치아가반짝여야 한다. 목자들은 어떤가? 그들도 노래하는 장면이 있다면, 보노와 U2 정도가 어떨까?

할리우드라면 이야기의 배역을 바꿀 것이다.

문명인이라면 위생 처리도 할 것이다. 아무리 가난한 사람이라도 외양간에서 태어나서는 안 된다. 건초는 동물이 깔고 앉도록 바닥에 까는 것이다. 아기를 여물통에 누이지 말라. 당나귀의 코가 닿던 자리다. 신생아를 누더기로 싸지 말라. 양 냄새가 배어 있다. 냄새로 말하자면 소똥부터 밟지 않도록 조심해야 한다.

웬만한 홍보 회사라면 출생지를 큰 도시로 옮길 것이다. 로마 왕궁이나 그리스 대저택을 대여할 것이다. 하나님의 아들이면 왕답게 입성해야 한다. 촌티는 줄이고 화려함을 더해야 한다. 양들의 머리는 퇴장하고 국가 원수들이 입장해야 한다. 사건이 사건이니 만큼 색종이 조각도 뿌려야 하지 않겠는가? 얼마든지 그럴 만도 하다.

의기양양한 준마를 풀고 나팔을 울리라. 고대의 왕좌에 앉았던 황제들과 아직 지어지지 않은 왕궁의 왕들을 모두 부르라. 아브라함과 모세도 구유 앞에 무릎을 꿇어야 한다. 심지어 아담과 하와도 베들레헴에 와서 마리아의 품에 안긴 알파와 오메가이신 그분을 경배해야 한다.

하지만 이 작품의 감독은 우리가 아니라 하나님이다. 그분은 꾸벅꾸벅 조는 양떼와 눈이 휘둥그레진 목수가 보는 데서 기꺼이 태어나셨다. 스포트라이트는 없고 촛불뿐이었다. 왕관은 없고 여물을 씹는 소뿐이었다.

하나님은 아들을 보내시면서 아주 별일 아니라는 듯이 하셨다. 달력에 날짜를 표시하지도 않으셨다. 고대의 크리스마스는 12월 25일로 정해지기까지 날짜가 계속 바뀌었다. 초기의 일부 지도자들은 3월의 날짜들을 선호했다. 동방정교회는 오랜 세월 크리스마스를 1월 6일에 쇠었고, 일부는 지금도 그렇다. 4세기가 되어서야 교회는 예수님의 탄생을 경축하는 날을 12월 25일로 확정했다.[1] 덜 중요한 인물들의 생일도 우리는 중대사로 여겨 오지 않았던가? 그런데 어떻게 이럴 수 있을까? 그분의 출생은 날짜도 정확하지 않고, 태어나실 때 대소동도 없었으니 말이다. 실수로 그렇게 되었을까?

아니면 이 자체가 메시지일까?

어쩌면 당신의 삶도 베들레헴의 마구간을 닮았다. 조잡한 데도 있고 냄새 나는 부분도 있다. 별로 화려하지 못하며 늘 깨끗하지만도 않다. 주변 사람들조차도 당신에게 마구간의 동물을 연상시킨다. 그들은 양처럼 뜯어 먹고 나귀처럼 고집이 세다. 구석의 저 소는 영락없이 옆집 사람처럼 생겼다.

당신도 요셉처럼 여관 문을 두드렸으나 너무 늦었

다. 또는 너무 늙었거나 병들었거나 둔하거나 망가졌거나 가난하거나 유별났다. 쾅 닫히는 문소리를 당신도 안다. 그래서 당신도 지금의 동굴로 밀려났다. 늘 활동의 주변부인 것만 같다.

어떻게든 살아 보려고 최선을 다하지만 당신이 아무리 애써도 지붕은 샌다. 숭숭 뚫린 구멍으로 겨울바람이 새어 들어오는데도 당신의 힘으로는 고쳐지지 않는다. 당신도 밤새 추위에 떨 만큼 떨어 보았다.

그래서 당신은 하나님이 당신 같은 사람도 받아 주시는지 의문이 든다.

베들레헴의 마구간을 보면 답이 나온다.

하나님이 당신 같은 사람도 받아 주시는지 의문이 들거든,

베들레헴의 마구간을 보면 답이 나온다.

두 천사가 우주를 순방한다고 하자. J. B. 필립스가 상상한 이 크리스마스의 비유는 하나님의 사랑을 잘 보여 준다. 천사들은 여러 은하를 날아다니다가 결국 현재 우리가 살고 있는 은하에 들어온다. 태양과 그 주위를 도는 행성들이 시야에 들어오자 상위 천사는 태양계 중에서도 작은 점 하나에 주의를 집중시킨다.

"특히 저 별을 잘 보시오." 상위 천사가 손가락으로 가리키며 말한다.

그러자 하위 천사는 "글쎄요, 저한테는 아주 작고 꽤 지저분해 보이는데요. 저 별이 어째서 특별합니까?"라고 묻는다.

그 볼품없는 덩어리가 그분이 다녀가신 유명한 행성이라는 상관의 설명에 부하는 깜짝 놀라서 말한다.

"위대하고 영화로우신 우리 왕께서…… 저 최저 등급의 조그만 덩어리에 친히 내려가셨다는 말입니까?……

그분이 저기 떠 있는 덩어리에서 엉금엉금 기어 다니는 생물 중 하나가 되실 정도로 그렇게까지 낮아지셨다는 말입니까?"

"그렇소. 그런 어조로 그들을 '엉금엉금 기어 다니는 생물'로 부르는 것도 그분은 좋아하지 않으실 것이오. 우리한테는 이상해 보일지 몰라도 그분은 그들을 사랑하시니 말이오. 그래서 그들을 일으켜 세워 그분 자신처럼 되게 해 주시려고 친히 내려가 그들을 찾아가신 것이오."[2]

정말 그것으로 귀결된다. 하나님은 우리를 사랑하신다. 크리스마스 이야기는 우리를 향한 하나님의 불굴의 사랑 이야기다.

크리스마스 이야기는 우리를 향한 하나님의 불굴의 사랑 이야기다.

그분의 사랑을 받아들이라. 기꺼이 누더기를 두르고 엄마젖을 먹는 하나님이실진대, 그런 그분이 당신을 사랑하시는지 여부는 이미 결판이 난 문제다. 그분의 행동이나 결정이나 선포에는 혹시 의문이 들 수 있을지 몰라도, 엉뚱하리만치 불가사의하고 무엇으로도 막을 수 없는 그분의 애정만은 절대로 의심의 여지가 없다.

마리아가 하나님의 얼굴을 만지던 그 순간, 그분은 자신이 가지 못할 곳이 없음을 증명하신 셈이다. 기꺼이 헛간에 태어나신 분이라면, 당연히 술집과 침실과 회의실과 매음굴 등 그 어디에서라도 역사하신다. 그분께는 너무 평범한 곳도 없고, 너무 완고한 사람도 없고, 너무 먼 거리도 없다. 그분이 다가가실 수 없는 사람은 아무도 없다. 그만큼 사랑이 무한하시다.

그리스도께서 태어나실 때 우리의 희망도 태어났다.

그래서 나는 크리스마스가 참 좋다. 이 사건은 우

리를 불러 가장 기상천외한 약속을 믿게 한다. 즉 우리를 그분과 하나 되게 하시려고 하나님이 우리처럼 되셨다. 그분은 모든 장벽과 담과 죄와 뻐딱한 성질과 빚과 무덤을 없애셨다. 그분께 가지 못하게 우리를 막을 만한 것은 다 허물어졌다. 이제 그분은 문 안으로 들어오시려고 우리의 응답만 기다리고 계신다.

그리스도께서 태어나실 때 우리의 희망도 태어났다.

그분을 모셔 들이라. 상석으로 안내하여 의자를 내어 드리라. 식탁을 치우고 시간도 비우라. 아이들과 이웃들을 부르라.

여기 크리스마스가 있다. 그리스도가 있다.

당신이 청하기만 하면, 하나님은 그때 하셨던 일을 다시 하신다. 영원한 빛으로 밤을 흩으신다. 당신 안에 태어나신다.

하나님의 속삭임을 들으라. "네가 아무리 엉망이어도 나는 돌아서지 않는다. 어떤 악취도 나를 단념시킬 수 없다. 너의 삶 속에 내가 살고 싶다. 모든 마음이 구유가 될 수 있고, 매일이 크리스마스가 될 수 있다. 여름 밤에도 '고요한 밤 거룩한 밤'을 부르라. 가을의 한기에

대림절의 볕을 쪼이라. 크리스마스의 기적은 1년 내내
계속되는 축제다."

이 기도가 당신의 기도가 되기를 바란다.

내 마음 주님의 구유

주님이 누우셨던 마구간과 같이

내 마음도 누추하고 건초처럼 약합니다.

그러나 내 안에 거하기 원하신다면

내 마음을 주님의 구유로 삼아 주소서.

내 삶을 베들레헴으로 삼으시어

천국의 아들로서 한가운데를 차지하소서.

이 밤을 목자의 하늘로 삼으시어

거룩한 먼동이 환히 터 오게 하소서.

천사의 날개로 급한 바람을 일으켜

이 땅을 만져 주소서. 천사의 노래 속에

주님을 얼굴을 뵙고 은혜를 맛보게 하소서.

기도하오니

이곳에 태어나소서.

아멘.

주

2장. 하나님도 얼굴이 있다

1. Max Lucado, *God Came Near: Chronicles of the Christ* (Portland, OR: Nultnomah, 1987). (『하나님이 내게로 오셨다』, 좋은씨앗)
2. 요한복음 11:1-36, 마태복음 14:22-33, 요한복음 8:1-11.
3. Stephen Seamands, *Give Them Christ: Preaching His Incarnation, Crucifixion, Resurrection, Ascension and Return* (Downers Grove, IL: IVP Books, 2012), 38-40.

3장. 자아로부터 구원받아야 할 우리

1. Frederick Dale Bruner, *Matthew: A Commentary*, 제1권, *The Christbook: Matthew 1-12*, 개정증보판 (Grand Rapids: William B. Eerdmans, 2004), 29-30.

6장. 예배는 기적을 낳는다

1. Terry Wardle, *Exalt Him! Designing Dynamic Worship Services* (Camp Hill, PA: Christian Publications, 1992), 23.
2. Wayne Carson, Johnny Christopher & Mark James, "Always on

My Mind," 1972.

3. 마태복음 12:34.

4. John Wesley, *The Works of the Reverend John Wesley, A. M.* (New York: B. Waugh and T. Mason, 1835), 7:609.

5. Harold Boulton, "All Through the Night," http://www.carols.org. uk/a45-all-through-the-night.htm.

6. "Bertie Felstead," *The Economist*, 2001년 8월 2일, http://www. economist.com/node/718781.

7장. 인도하시는 하나님

1. Frederick Dale Bruner, *Matthew: A Commentary*, 제1권, *The Christbook: Matthew 1-12*, 개정증보판 (Grand Rapids: William B. Eerdmans, 2004), 60.

2. "Water Scene," *The Miracle Worker*, Paul Aaron 감독 (1979; Atlanta, GA: Half-Pint Productions). (〈눈물겨운 기적〉)

8장. 겸손은 빛을 발한다

1. Dean Farrar, *The Life of Christ* (London: Cassell, 연도 미상), 22-23.

2. Flavius Josephus, *The Works of Jesephus*, 개정판, William Whiston 번역 (Peabody, MA: Hendrickson, 1987), 882. (『요세푸스』, 생명의 말씀사)

3. G. K. Chesterton, *Orthodoxy* (Hollywood, FL: Simon and Brown, 2012), 17. (『정통』, 아바서원)

4. *The International Standard Bible Encyclopedia*, Geoffrey W. Bromiley 편집, 제2권, *E-J* (Grand Rapids: William B. Eerdmans, 1982), 693.

9장. 오늘일지도 모른다

1. Norval Geldenhuys, *Commentary on the Gospel of Luke: The English Text with Introduction, Exposition and Notes* (Grand Rapids: William B. Eerdmans, 1954), 117-118.

2. Dean Farrar, *The Life of Christ* (London: Cassell, 연도 미상), 40.

3. Walter L. Liefeld, "Luke," *The Expositor's Bible Commentary*, Frank E. Gaebelein 편집 (Grand Rapids: Zondervan, 1984), 8:849.

4. Edmund Sears, "That Glorious Song of Old," 2절, 공유 재산. (새찬송가, 112장 4절)

10장. 왕관, 요람, 십자가

1. "Whirlpool Galaxy Facts," Space Facts, http://space-facts.com/whirlpool-galaxy/.

2. Tim Sharp, "How Big Is the Sun?/Size of the Sun," Space.com, 2012년 8월 8일, www.space.com/17001-how-big-is-the-sun-size-of-the-sun.html.

3. Space.com 공식 자료, "Supergiant Star's Rainbow Nebula Revealed," Space.com, 2011년 6월 23일, http://www.space.com/12051-bright-nebula-photo-supergiant-star-betelgeuse.html.

4. Miriam Kramer, "Supergiant Star Betelgeuse to Crash into Cosmic 'Wall,'" Space.com, 2013년 1월 25일, http://www.space.com/19415-supergiant-star-betelgeuse-crash-photo.html.

5. C. S. Lewis 인용문, C. S. Lewis Pte Ltd.의 허락을 받고 사용함. (『순전한 기독교』, 홍성사)

11장. 뻐딱한 성질이여, 안녕

1. Rick Warren, *The Purpose of Christmas* (New York: Howard Books, 2008), 41. (『만나고 싶은 예수』, 두란노)
2. 요한복음 4:4-29.
3. 마가복음 5:1-15.
4. 누가복음 19:1-10.

12장. 매일이 크리스마스요, 모든 마음이 구유다

1. Joseph F. Kelly, *The Birth of Christmas* (Waco, TX: Center for Christian Ethics at Baylor University, 2011), 15, http://www.baylor.edu/content/services/document.php/159119.pdf.
2. J. B. Phillips, *New Testament Christianity* (Eugene, OR: Wipf and Stock, 2012), 15-16.

베들레헴 그날 밤

사랑이 태어나고, 희망이 다가오다

초판 1쇄 인쇄 2020년 11월 25일

초판 1쇄 발행 2020년 12월 1일

지은이 맥스 루케이도

옮긴이 윤종석

펴낸이 박명준

편집 박명준	펴낸곳 바람이 불어오는 곳
디자인 박주안	출판등록 2013년 4월 1일 제2013-000024호
제작 테크디앤피	주소 03311 서울 은평구 진관1로 22, 112-903
	전자우편 bombaram.book@gmail.com
	문의전화 010-6353-9330

ISBN 979-11-968892-2-7 03230

바람이불어오는곳 은
교회 안과 밖 사람들의 신앙 여정을 담은 즐거운 책을 만듭니다.

🅕 🅞 bombaram.book